全渠道数字化运营系列教材

脚本技术

主　编◎吴俊峰
副主编◎刘　芳　周芳妃
参　编◎张　磊

电子工业出版社
Publishing House of Electronics Industry
北京·BEIJING

内 容 简 介

本书以设计某个电子商务网站诸多交互任务为载体,对典型实例进行介绍。本书分为 6 个项目,包括实现 Web 前端常见的交互功能、实现商城注册页的交互功能、实现商城首页的交互功能、实现商品列表页的交互功能、实现商品详情页的交互功能、实现线上商城营销活动的交互功能。通过这 6 个项目,介绍脚本技术在电子商务网站搭建中的应用方法及标准、JavaScript 的基本语法,以及字符串、正则表达式、jQuery、Ajax、DOM 的使用方法等,从而提高学生在电子商务网站搭建中对脚本技术的应用,培养学生利用脚本技术开发电子商务网站的能力。

本书采用理论、实例一体化的设计理念,涵盖了 13 个任务,每个任务中设置了预备知识、实施准备、任务实施与分析、拓展知识、思考与总结、能力提升、任务训练 7 个模块。学生通过学习这些任务,能够深入浅出地掌握脚本技术开发的相关知识和核心技能。

本书既可以作为高等职业院校计算机、电子信息等专业学生的教材,也可以作为非计算机专业学生、Web 前端开发人员和软件开发人员的参考用书。

未经许可,不得以任何方式复制或抄袭本书之部分或全部内容。
版权所有,侵权必究。

图书在版编目(CIP)数据

脚本技术 / 吴俊峰主编. -- 北京 : 电子工业出版社, 2025. 5. -- ISBN 978-7-121-50223-1
Ⅰ. F713.361.2
中国国家版本馆 CIP 数据核字第 2025FV3592 号

责任编辑:张云怡
印　　刷:河北鑫兆源印刷有限公司
装　　订:河北鑫兆源印刷有限公司
出版发行:电子工业出版社
　　　　　北京市海淀区万寿路 173 信箱　　邮编:100036
开　　本:787×1092　1/16　印张:12.5　字数:320 千字
版　　次:2025 年 5 月第 1 版
印　　次:2025 年 5 月第 1 次印刷
定　　价:49.00 元

凡所购买电子工业出版社图书有缺损问题,请向购买书店调换。若书店售缺,请与本社发行部联系,联系及邮购电话:(010)88254888,88258888。
质量投诉请发邮件至 zlts@phei.com.cn,盗版侵权举报请发邮件至 dbqq@phei.com.cn。
本书咨询联系方式:(010)88254573,zyy@phei.com.cn。

前 言

脚本语言是一种编程语言，是一系列控制计算机进行运算操作动作的组合。脚本通常以文本形式保存，只在被调用时进行解释或编译。它被广泛地应用于网页设计中，不仅可以减小网页的规模和提高网页浏览速度，还可以丰富网页的表现效果。脚本语言作为通用的编程语言，受到了许多软件开发人员的青睐。

本书遵循由易到难的学习规律，将某个电子商务网站交互功能设计任务作为学习载体，对接 Web 前端开发职业技能等级标准，深入浅出地介绍脚本技术的基础知识，演示脚本技术实现交互功能的方法，内容翔实、结构合理、语言精练、表达简明、实用性强、易于自学。

本书特点如下。

1. 体现课程思政特色，引领正确价值取向

本书在编写中以践行社会主义核心价值观为基本原则，寓价值观引导于知识传授和能力培养之中，通过知识目标、技能目标、素养目标三维学习目标的构建，系统实现知识技能与价值引领的同频共振，充分体现社会主义核心价值观的内涵。

2. 体例设计新颖，表现形式丰富

为了突出实践技能培养，践行以能力为本位的职业教育理念，本书改变以往教材以理论讲述为主的教学模式，采用新颖的编写体例。除基本理论外，本书的每个任务在体例上设置了预备知识、实施准备、任务实施与分析、拓展知识、思考与总结、能力提升、任务训练 7 个模块，并在每个任务结束后通过"思考与总结"模块启发学生巩固本任务学习内容。该编写体例为学生课后复习和检验学习效果提供了便利，对提高学生的学习兴趣、促进学以致用、丰富教学形式、拓宽学生视野、提升职业素养具有积极的推动作用。

3. 理论密切联系实践，强化能力培养

本书强化以岗位需求为导向的理实教学，充分考虑专业教学需求，从理论知识的深度和广度、技能培养的要求和实践教学上体现高职教育的特点，做到理论知识深入浅出且难度适宜，实践技能贴近行业需求并强化实操训练，使学生所获取的知识与未来的岗位要求相契合。此外，本书以案例形式融入创新思维方法等新内容，以培养复合型与实用型的创新创业型人才为目的，来满足社会的用人需求。

4. 多元内容呈现，配套丰富教学资源

本书根据高等职业院校学生的特点，创新教材形态，做到内容多元化呈现，配套开发了教学课件、微课视频、教学案例、课后习题、拓展学习材料、考核题库、商城系统设计 Demo 等类型丰富的教学资源，使教师可以充分利用配套教学资源，实现翻转课堂与混合式教学，也使学生利用上述资源，实现自主学习，为教师实施"三教"改革和学生自主学习提供了方便，丰富了教学资源。

在编写本书的过程中，我们参考并汲取了一些专家和学者的成果，在此表示感谢！

由于编者水平有限，书中难免存在一些疏漏之处，恳请广大专家和读者给予批评、指正，以便在以后的修订中进一步完善。

编者

目 录

项目 1 实现 Web 前端常见的交互功能 1
    任务 1　通过操作元素属性实现交互功能 2
    任务 2　使用原生方式实现动态交互功能 17
    任务单 1-1 36
    任务单 1-2 37

项目 2 实现商城注册页的交互功能 38
    任务 1　实现对用户的输入进行验证 39
    任务 2　实现商城注册页的数据交互功能 71
    任务单 2-1 77
    任务单 2-2 79

项目 3 实现商城首页的交互功能 80
    任务 1　实现商城首页轮播图的交互功能 81
    任务 2　实现商品推荐列表的交互功能 95
    任务 3　实现商品秒杀的交互功能 101
    任务单 3-1 107
    任务单 3-2 109
    任务单 3-3 110

项目 4 实现商品列表页的交互功能 111
    任务　实现商品的分类、筛选、分页功能 112
    任务单 4 129

项目 5 实现商品详情页的交互功能 131
    任务 1　实现商品主图的交互功能 132
    任务 2　实现商品 SKU 区的交互功能 141
    任务 3　实现商品评论区的交互功能 150
    任务单 5-1 166
    任务单 5-2 167
    任务单 5-3 168

项目 6　实现线上商城营销活动的交互功能 170
任务 1　实现营销数据统计功能 171
任务 2　实现营销活动设计功能 179
任务单 6-1 187
任务单 6-2 188

参考文献 191

项目 1

实现 Web 前端常见的交互功能

项目 1 数字资源

项目背景

在 Web 前端的开发中，JavaScript 可以给网页增加动态的效果、控制网页的显示内容，还可以配合 HTML 和 CSS 技术实现网站开发中的前端部分。目前的 JavaScript 技术几乎可以在任何场景中使用，如网页开发、服务器端开发、命令行工具、桌面程序、手机 App、游戏开发等。

在实际的网站项目开发中，开发人员经常使用 JavaScript 技术来验证表单数据、动态控制网页显示内容、获取或添加 HTML 元素节点、与客户端功能交互、实现网页动态效果等。

学习内容

本项目的主要目的是让学生初步认识和了解 JavaScript，掌握 JavaScript 的执行与测试方法，同时了解 JavaScript 的基本语法，具体学习内容如下。

（1）通过操作元素属性实现交互功能。
（2）使用原生方式实现动态交互功能。

学习目标

知识目标

（1）认识脚本嵌入页面的方式。
（2）理解 JavaScript 的概念。
（3）熟悉页面加载处理的过程。
（4）了解 DOM 的概念和常见用法。
（5）理解 JavaScript 的基本语法。

技能目标

（1）能够熟练地在网页中嵌入脚本文件。
（2）能够通过 DOM 获取元素。
（3）能够通过 DOM 修改元素的样式、属性、内容。
（4）能够熟练地执行与测试 JavaScript 脚本。
（5）能够熟练地使用 JavaScript 的基本语法编写脚本。

素养目标

（1）通过 JavaScript 技术的学习，培养学生养成良好的编码习惯，并锻炼学生积极思考问题的能力。
（2）培养学生与时俱进的精神，使其在编写脚本过程中，能够用发展的观点分析问题。

任务 1　通过操作元素属性实现交互功能

预备知识

一、JavaScript 概述

JavaScript 是由网景公司于 1995 年开发的，最初的名字为 LiveScript，后来与 Sun 公司合作之后更名为 JavaScript。

JavaScript 是一种运行在客户端（浏览器端）的解释型脚本语言。JavaScript 的最初目的是处理表单验证操作，发展至今已然可以应用于很多场景，如网页开发、服务器端开发、命令行工具、桌面程序、手机 App、游戏开发等。

名词解释

> 解释型脚本语言是指不进行编译就可以由浏览器直接解释运行的语言。

因为 JavaScript 常与 HTML 和 CSS 一起配合使用，所以一般的前端编码工具都可以进行 JavaScript 代码的编写，这里选择 HBuilder X 进行介绍。

HBuilder X 具有完整的语法提示、代码输入法、代码块等功能，可以大幅度提升 JavaScript 代码的编写速度。开发人员使用 HBuilder X 之前，需要先下载该工具，通过在浏览器中搜索关键词"HBuilder X"访问官方网站首页进行下载，下载 HBuilder X 时需要进行版本选择，目前有 Windows 和 macOS 两种版本，如图 1-1 所示，根据自己的需求选择合适的版本即可。

HBuilder X 的代码助手功能可以用于提升 JavaScript 代码的编写速度，如当输入代码的前几个字母时会提示相关代码，如图 1-2 所示；输入连续单词的首字母也可以激活代码助手提示，如图 1-3 所示；还可以按 Alt+数字键插入对应提示中的代码。

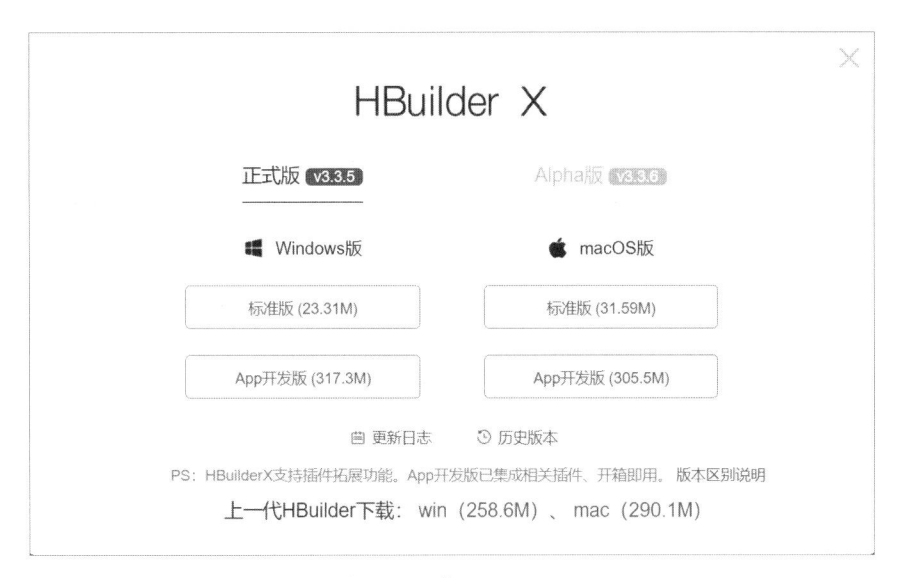

图 1-1 下载 HBuilder X

图 1-2 代码助手提示

图 1-3 激活代码助手提示

　　JavaScript 是一种基于对象和事件驱动的脚本语言。基于对象是指 JavaScript 内部已经提供了若干个内置对象，当用户使用 JavaScript 编写脚本时，只需要调用这些对象和这些对象内部的函数即可；事件驱动是指用户在进行某些操作时，会触发 JavaScript 中的某些事件，而这些事件正是 JavaScript 脚本执行的入口。例如，用户单击了某个按钮，此时首先会触发 JavaScript 中的单击事件，然后自动执行单击事件中编写好的脚本代码。

　　JavaScript 脚本的运行一般需要依赖于某个宿主环境，如浏览器就是一个宿主环境。浏览器一般都内置了 JavaScript 引擎，用来解释 JavaScript 代码和生成 JavaScript 的内置静态对象。另外，用户在浏览器窗口中的每一次操作都会触发 JavaScript 中的某些事件，通过在 JavaScript 中提前定义的事件驱动程序，可以实现大多数的人机交互操作。

> **德育课堂**
>
>   JavaScript 在设计之初只是为了进行表单验证。但是现如今，JavaScript 已经成为一门功能全面的编程语言，是 Web 中不可缺少的一部分，这说明事物是变化发展的。
>   当下，社会形态、经济结构和传播方式的变化，导致了人们在思想状况、思维模式、认知方式等方面发生了根本性改变。因此，学习编程也需要与时俱进、拥抱变化，要因事而化、因时而进、因势而新。如果没有这种拥抱变化的自觉性，就不会有创新和进步。因此，我们应该更好地去了解各种变化，从而适应变化。新时代的青年要时刻牢记不能做犹豫者、观望者、懈怠者、软弱者，因为只有与历史同步伐、与时代共命运的人，才能赢得光明的未来。

二、脚本嵌入页面的方式

在 HTML 页面中引入脚本代码有 3 种方式，分别是直接在元素行内编写、在<script>标签中编写、在外部 JavaScript 文件中编写，具体的使用方法及实例如下。

1. 在元素行内编写

如果开发人员要在元素行内使用 JavaScript，则可以直接在元素标签内部编写 JavaScript 代码，代码如下：

```html
<input type="button" value="普通按钮" onclick="alert('Hello World!')" />
```

在上述代码中，onclick 属性表示利用鼠标单击按钮时触发；属性值"alert('Hello World!')"表示当利用鼠标单击后触发页面弹窗，弹窗提示内容为"Hello World!"。

2. 在<script>标签中编写

HTML 中的脚本代码必须在<script>开始标签与</script>结束标签之间编写，编写好的脚本代码可以放在<body>标签内或<head>标签内。在实际项目开发中，开发人员通常将 JavaScript 的函数放在<head>标签中或放在页面底部，这样做的好处是 JavaScript 代码不会影响页面的内容。在<script>标签中编写脚本的代码如下：

```html
<script>
  alert('Hello World!');
</script>
```

3. 在外部 JavaScript 文件中编写

如果开发时要使用外部 JavaScript 文件，则可以直接创建 JavaScript 文件进行脚本代码的编写。JavaScript 文件的扩展名是".js"，使用外部 JavaScript 文件的好处是可以被多个 HTML 页面同时引用。如果想要在 HTML 网页中使用外部 JavaScript 文件，则需要在<script>标签中设置 src 属性，代码如下：

```
<script src="test.js"></script>
```

在上述代码中，src 属性表示需要引入的 JavaScript 文件的路径。这里需要注意的是，引用外部 JavaScript 文件的<script>标签中不可以编写 JavaScript 代码，所有的 JavaScript 代码都需要在外部 JavaScript 文件中定义。使用外部 JavaScript 文件的项目结构如图 1-4 所示。

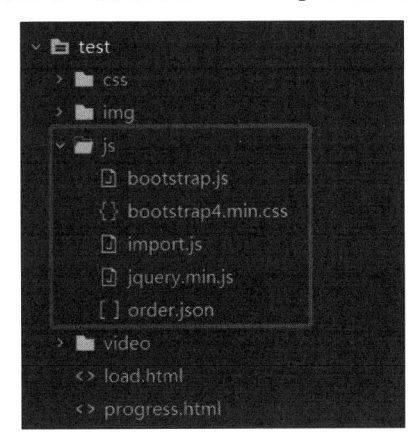

图 1-4　使用外部 JavaScript 文件的项目结构

三、简单交互实现的基本流程

在 Web 前端的开发过程中，想要实现 Web 页面的简单交互功能，就需要为该页面引入 JavaScript 脚本，并在脚本中编写代码实现 Web 页面的交互功能，具体步骤如下。

步骤 1：引入 JavaScript 脚本。

在 HTML 页面中插入<script>标签，代码如下：

```
<!DOCTYPE html>
<html>
    <head>
        <meta charset="utf-8" />
        <title></title>
    </head>
    <body>
        <script>
        </script>
    </body>
</html>
```

步骤 2：编写 JavaScript 代码。

在<script>标签中编写如下 JavaScript 代码：

```
<script>
    alert("Hello JavaScript!")
</script>
```

在上述代码中，使用 alert 可以将内容以警告弹窗的形式展现给用户。

步骤 3：运行 HTML 文件。

在浏览器中运行编写好的 HTML 文件，浏览器在加载完该网页时会直接弹出警告弹窗，弹窗的内容为"Hello JavaScript!"，用户需要单击弹窗中的"确定"按钮，才可以关闭该警告弹窗，如图 1-5 所示。

图 1-5　警告弹窗

四、页面加载处理的过程

当用户打开浏览器输入网址后，可以很快看到浏览器窗口中出现的内容，在用户输入网址到显示内容之间，还发生了一系列观察不到的事件。

首先用户输入网址按 Enter 键后，浏览器接收 URL 开启网络请求，将完整的 HTTP 请求发送到服务器，然后服务器接收到 HTTP 请求后，将需要显示的内容响应给客户端，客户端对接收到的响应数据包进行解析，最后将内容渲染到浏览器窗口中，这样用户就看到了从服务器发送回来的数据。

五、DOM 概述

DOM（Document Object Model，文档对象模型）的作用是将标记语言文档的属性、函数和事件组织成对象的形式，供开发人员使用，对标记语言文档进行 CRUD 的动态操作。

使用 DOM 可以获取页面中的元素对象，其获取方法如下。

1. 根据元素 id 获取元素对象

使用 DOM 的 getElementById() 函数可以根据元素 id 获取元素对象，代码如下：

```
<input id="id" type="text"/>
document.getElementById("id")
```

2. 根据元素的标签名称获取元素对象

使用 DOM 的 getElementsByTagName() 函数可以根据元素的标签名称获取元素对象，代码如下：

```
<a href="index.html"></a>
document.getElementsByTagName("a")
```

注意：使用 getElementsByTagName() 函数获取的元素对象是一个集合，因为页面中可能不止有一个标签。

3. 根据元素的类名获取元素对象

使用 DOM 的 getElementsByClassName()函数可以根据元素的类名称获取元素对象,代码如下:

```
<a href="index.html" class="demo"> </a>
document.getElementsByClassName("demo")
```

4. 根据元素选择器的第一个元素获取元素对象

使用 DOM 的 querySelector()函数可以根据元素选择器的第一个元素获取元素对象,代码如下:

```
<a href="index.html" class="demo"> </a>
document.querySelector(".demo")
document.querySelector("a")
```

注意:使用 querySelector()函数只能返回该选择器的第一个元素对象。同时选择元素时需要加上选择器符号,如".""和"#"。

5. 根据元素选择器获取元素对象

使用 DOM 的 querySelectorAll()函数可以根据元素选择器获取元素对象,代码如下:

```
<a href="index.html" class="demo"> </a>
document.querySelectorAll(".demo")
document.querySelectorAll("a")
```

注意:使用 querySelectorAll()函数获取的元素对象是一个集合,因为页面中可能不止有一个选择器对象。

使用 DOM 获取到元素对象以后,可以对该元素对象的样式、属性、内容等进行修改。修改元素对象字体颜色样式的代码如下:

```
<a href="index.html" style="color:green;">跳转路径</a>
var a = document.querySelector('a')
a.style.color='red'
```

在上述代码中,使用 document.querySelector()函数可以获取<a>标签的内容,并通过 a.style.color、a.href、a.innerHTML 等函数或属性来修改对应内容,修改<a>标签属性 href 链接地址的代码如下:

```
a.href = 'http://www.*****.com'
```

修改<a>标签内容的代码如下:

```
a.innerHTML="单击跳转至百度首页"
```

修改后的<a>标签在浏览器中的样式如图 1-6 所示。

图 1-6 修改后的<a>标签在浏览器中的样式

实施准备

请学生下载并安装好 HBuilder X 工具，注意下载时要选择与自己计算机相匹配的版本。打开 HBuilder X 工具，创建一个项目。模板选择基本 HTML 项目，输入项目名称，完成项目的创建。

任务实施与分析

一、JavaScript 的脚本执行与测试

想要执行一个 JavaScript 脚本，首先在开发工具中创建该脚本文件，然后将该脚本引入 HTML 文件中，最后在浏览器中运行 HTML 文件，进行脚本的运行与测试，具体步骤如下。

步骤 1：创建 test.js 文件。

在项目中的 js 文件夹上右击，在弹出的快捷菜单中选择"新建→5.js 文件"命令，如图 1-7 所示。

图 1-7　选择"5.js 文件"命令

在打开的"新建 js 文件"对话框中输入文件名"test.js"，选择文件存储地址，选择模板"default"，单击"创建"按钮，这样就成功创建了一个 test.js 文件，如图 1-8 所示。

图 1-8 创建 test.js 文件

步骤 2：编写代码。

打开 index.js 文件，在其中编写以下代码后保存。

```
console.log("Hello JavaScript!")
```

上述代码的作用是在控制台中输出字符串"Hello JavaScript!"。

步骤 3：引入 index.js 文件。

要在项目根目录下的 index.html 文件中引入 index.js 文件，首先打开 index.html 文件，然后在<head>标签中使用<script>标签引入，代码如下：

```
<!DOCTYPE html>
<html>
    <head>
        <meta charset="utf-8">
        <title></title>
        <!-- 引入外部 JavaScript 文件 -->
        <script src="js/index.js" type="text/javascript" charset="utf-8"></script>
    </head>
    <body>
    </body>
</html>
```

上述<script>标签中的 src 属性表示要引入文件的路径，type 属性表示要引入的文件类型，charset 属性表示要引入文件的编码格式。

步骤 4：在浏览器中调试。

选中 index.html 文件，选择菜单栏中的"运行"命令，在打开的菜单中选择要运行的浏览器，这里建议使用谷歌浏览器（Chrome），如图 1-9 所示，选择好浏览器后单击浏览器名称，index.html 会自动运行到该浏览器。

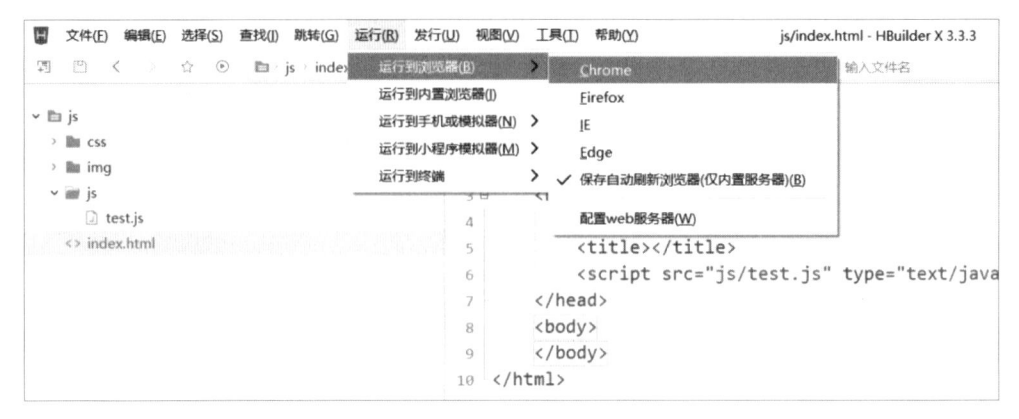

图 1-9　选择"Chrome"命令

在打开的浏览器中按 F12 键，打开调试工具，选择"控制台"选项，可以看到控制台中输出了字符串"Hello JavaScript!"，如图 1-10 所示。

图 1-10　查看脚本运行结果

二、常见的 Web 交互实例介绍

当用户在使用浏览器浏览网页时，很多网页中都会设置一些交互效果，如更改页面元素样式、唤起网页弹窗、单击按钮改变内容等。下面以电子商务网站为例，重点介绍修改网页中的内容、设置警告弹窗两种常见的 Web 交互。

1. 修改网页中的内容

使用 JavaScript 可以修改网页中的内容，具体步骤如下。

步骤 1：定义按钮。

在 HTML 文件中定义按钮，作为网页内容改变的触发事件，代码如下：

```html
<button onclick="modifyContent()">修改网页内容</button>
```

步骤 2：定义脚本代码。

在<script>标签中定义 JavaScript 代码，用来修改网页中的内容，代码如下：

```html
<script>
    // 单击按钮时触发单击事件，修改网页的显示内容
    function modifyContent(){
        document.write("网页内容已经成功修改!")
    }
</script>
```

步骤 3：运行浏览器。

在浏览器中运行 HTML 页面，如图 1-11 所示。

图 1-11　在浏览器中运行 HTML 页面

单击网页中的"修改网页内容"按钮，会修改网页中的所有内容，如图 1-12 所示。

图 1-12　单击"修改网页内容"按钮后的运行结果

2. 设置警告弹窗

HTML 页面中经常需要用到警告弹窗，在进行某些关键性操作时，需要使用警告弹窗强制提醒用户注意事项，具体步骤如下。

步骤 1：定义按钮。

在 HTML 页面中定义按钮，用来触发警告弹窗，代码如下：

```
<button onclick="clickBtn()">普通按钮</button>
```

步骤 2：定义脚本代码。

定义 JavaScript 代码，在用户单击按钮时触发警告弹窗，代码如下：

```
// 单击按钮时触发单击事件，弹出警告窗口
function clickBtn(){
    alert("你单击了按钮")
}
```

步骤 3：运行浏览器。

在浏览器中运行 HTML 页面，可以看到一个按钮，如图 1-13 所示。

图 1-13　在浏览器中运行 HTML 页面

单击网页中的"普通按钮"按钮，可以看到在脚本中定义好的警告弹窗，如图 1-14 所示。

图1-14 单击"普通按钮"按钮后的运行结果

拓展知识

JavaScript 作为一种流行的编程语言，受到了许多 Web 开发人员的青睐，与学习 C/C++、Java 等语言一样，学习使用 JavaScript 进行程序开发也需要先掌握其基本语法。

JavaScript 的基本语法主要包括变量、运算符、数据类型，其语法格式和使用方法如下。

一、变量

在 JavaScript 中，变量可以用于存储字符串、数字、布尔值、数组等。使用变量不仅可以获取内存中存储的数据，还可以对这些数据进行修改。

在 JavaScript 中，声明变量需要使用 var 关键字。变量名称不能为无意义的字符串，它需要遵循标识符的命名规则，具体如下。

（1）由字母、数字、下画线、"$"符号组成。

（2）不能以数字开头。

（3）不能是关键字或保留字。

（4）严格区分大小写字母。

在实际项目开发中，变量的命名一般遵循以下两个原则。

（1）变量名称必须有意义，如使用 name 来定义存储姓名的变量。

（2）变量名称应遵循驼峰命名法，即首字母小写，后面出现的每个单词的首字母需要大写，如 userName、userPassword 等。

定义变量的语法格式如下：

```
var 变量名称;
```

名词解释

驼峰命名法（Camel-Case）是指混合使用大小写字母来构成变量和函数的名称。

二、运算符

在 JavaScript 中，运算符是用于执行 JavaScript 某种操作的符号。常用的运算符有算术运算符、比较运算符、赋值运算符、字符串运算符、逻辑运算符、条件运算符等。使用运算符的语法格式如下：

```
var 表达式 运算符 表达式
```

算术运算符即算术运算符号，用于执行数学运算。JavaScript 中的算术运算符如表1-1所示（假设变量 a 的值为 10，变量 b 的值为 5）。

表 1-1　JavaScript 中的算术运算符

运算符	描述	示例
+	加法运算符	a+b 得到 15
−	减法运算符	a−b 得到 5
*	乘法运算符	a*b 得到 50
/	除法运算符	a/b 得到 2
%	取模（取余）运算符	a%b 得到 0

比较运算符是在编写逻辑语句时经常使用的一种符号，通过比较运算符两边的表达式来测定变量或值是否相等，其结果只可以为布尔值，即 true 或 false。JavaScript 中的比较运算符如表 1-2 所示。

表 1-2　JavaScript 中的比较运算符

运算符	描述
==	等于
===	全等
!=	不相等
!==	不全等
>	大于
<	小于
>=	大于或等于
<=	小于或等于

名词解释

> 布尔值是一种非常简单的数据类型，其值为 true 或 false，经常与动作脚本语句中通过比较控制脚本流的逻辑运算符一起使用。

赋值运算符是指为变量或常量指定数值的符号。JavaScript 中的赋值运算符如表 1-3 所示。

表 1-3　JavaScript 中的赋值运算符

运算符	描述
=	最简单的赋值运算符，将运算符右侧的值赋值给运算符左侧的变量
+=	先进行加法运算，再将结果赋值给运算符左侧的变量
−=	先进行减法运算，再将结果赋值给运算符左侧的变量
*=	先进行乘法运算，再将结果赋值给运算符左侧的变量
/=	先进行除法运算，再将结果赋值给运算符左侧的变量
%=	先进行取模运算，再将结果赋值给运算符左侧的变量

字符串运算符可以用于字符串的拼接。JavaScript 中的字符串运算符有两个，第一个是连接运算符，第二个是连接赋值运算符，如表 1-4 所示。

表 1-4　JavaScript 中的字符串运算符

运算符	描述
+	将运算符左右两侧的字符串拼接到一起
+=	先进行加法运算，再将结果赋值给运算符左侧的变量

逻辑运算符是在形式逻辑中，把语句连接成更复杂的语句的运算符，经常用来组合两个或两个以上的表达式，其结果是一个布尔值，即 true 或 false。JavaScript 中的逻辑运算符主要有逻辑与、逻辑或、逻辑非 3 种，如表 1-5 所示。

表 1-5　JavaScript 中的逻辑运算符

运算符	描述
&&	逻辑与
||	逻辑或
!	逻辑非

条件运算符又被称为"三元运算符"，由一个"?"和一个":"组成，当"?"前面的表达式结果为 true 时，则执行"?"后面的表达式，否则就执行":"后面的表达式。

名词解释

三元运算符在软件编程中有一个固定格式，其语法格式为"条件表达式?表达式 1:表达式 2"，使用这个算法可以在调用数据时进行逐级筛选。

三、数据类型

每一种编程语言都会有自己的数据类型，数据类型的作用是为变量的值指定不同的存储类型。在 JavaScript 中，数据类型可以分为基本数据类型和引用数据类型两大类。其中，基本数据类型包括数字（Number）、字符串（String）、布尔（Boolean）、空值（Null）、未定义（Undefined）、唯一（Symbol）；引用数据类型包括对象（Object）、数组（Array）、函数（Function）。

JavaScript 在声明变量时不需要提前指定数据类型，直接使用 var 关键字即可声明任意类型的变量。另外，同一个变量也可以用于存储不同数据类型的值。关于各个数据类型的简单介绍如下。

（1）数字（Number）类型用于定义数值，因为 JavaScript 中不区分整数和浮点数，所以数字类型使用 Number 类型表示。

注意：Number 类型的数值是有限的，在 JavaScript 中，Number 类型只能定义 $-(2^{53}-1) \sim (2^{53}-1)$ 范围内的数值。如果某个表达式的计算结果超出了 Number 类型的取值范围，则这个数值会自动转化为 Infinity（正无穷大）或 -Infinity（负无穷大）；如果表达式的值不为数字，则 Number 类型的值会转化为 NaN（Not a Number），表示非数值。

（2）字符串（String）类型用于定义字符串文本，字符串类型的值需要使用单引号或双引号括起来。

（3）布尔（Boolean）类型的值只有两个，分别为 true（真）或 false（假），一般通过表达式来得到布尔类型的值。

（4）未定义（Undefined）类型是一个特殊的数据类型，当开发人员没有给声明的变量赋值时,这个变量的默认值就是 Undefined,同时它的类型也是 Undefined。

(5)空值(Null)类型是一个特殊的数据类型,它表示一个空值,用来定义空指针对象,另外 Null 值的类型其实为 Object。

(6)唯一(Symbol)类型是 ES6(ECMAScript 6)引入的一种新的原始数据类型,表示独一无二的值,常用于定义对象的唯一属性名。ES6 是 JavaScript 的下一代标准,它在现有 JavaScript 的基础上增加了块级作用域、class 类、变量解构赋值、对象和数组的扩展运算符等新特性。

JavaScript 中的数据类型可以使用 typeof 判断,其语法格式如下:

```
typeof 变量名称
```

对于数字类型的变量,typeof 的返回值是 Number 类型,代码如下:

```
var test=5;
document.write(typeof test);
```

对于字符串类型的变量,typeof 的返回值是 String 类型,代码如下:

```
var test='5';
document.write(typeof test);
```

对于布尔类型的变量,typeof 的返回值是 Boolean 类型,代码如下:

```
var test=true;
document.write(typeof test);
```

对于对象、数组类型的变量,typeof 的返回值是 Object 类型,代码如下:

```
var test={"name":"lee"};
var test1=[0,1,2]
document.write(typeof test+"----"+typeof test1);
```

对于空值类型的变量,typeof 的返回值是 Null 类型,代码如下:

```
var test=null
document.write(typeof test);
```

对于函数类型的变量,typeof 的返回值是 Function 类型,代码如下:

```
var test=function(){}
document.write(typeof test);
```

对于未定义的变量、函数或 Undefined,typeof 的返回值是 Undefined 类型,代码如下:

```
var test;
document.write(typeof test);
```

四、简单交互

在各个网站中,表单有着非常重要的作用,其主要作用是收集用户信息,包括用户账户、用户密码、用户昵称、用户搜索信息等。那么 JavaScript 是如何获取用户信息并进行收集的呢?下面以一个具体实例进行分析。

步骤 1：创建 HTML 页面。

创建一个 HTML 页面，在其中定义文本框和提交按钮，代码如下：

```
<input type="text" id="name">
<button onclick="getContent()">获取输入内容</button>
```

步骤 2：创建 JavaScript 函数。

创建一个 JavaScript 函数 getContent()，通过该函数获取用户输入的内容，并在警告弹窗中显示，代码如下：

```
<script>
    // 单击按钮时触发单击事件，获取文本框输入内容
    function getContent(){
        alert("您输入的内容为："+document.getElementById("name").value)
    }
</script>
```

在上述代码中，getContent()函数是网页中按钮绑定的单击事件，用户在单击按钮时会触发该函数中定义的脚本程序；alert()函数用于弹出警告弹窗，说明用户在单击按钮时触发警告弹窗，警告弹窗中使用双引号括起来的内容会完整地显示在网页中；document.getElementById("name").value 用于获取网页中 id 属性值为 "name" 的元素，即文本框；value 属性是文本框的值，即用户输入的内容。

通过以上代码组合，就可以将用户输入的内容显示在警告弹窗中了。在实际的项目开发中，用户在文本框中输入的内容会提交到服务器，交由服务器对数据进行存储或修改操作。

步骤 3：运行浏览器。

在浏览器中运行 HTML 页面，如图 1-15 所示。

图 1-15　在浏览器中运行 HTML 页面

首先在文本框中输入"你好!"，然后单击"获取输入内容"按钮，可以看到输入的内容显示在警告弹窗中，如图 1-16 所示。

图 1-16　单击"获取输入内容"按钮后的运行结果

思考与总结

通过本任务的学习，学生能够了解如何通过操作元素属性实现交互功能。请学生认真学习本任务内容，仔细思考后回答以下问题。

DOM 获取元素的方式有几种？分别是什么？

_____
_____
_____

能力提升

请学生根据本任务学习内容，完成以下任务。

（1）编写脚本程序，改变页面中所有<h1>标签的文本颜色。

（2）编写脚本程序，获取页面中 id 属性值为"demo"的元素，并将该元素的 class 属性值修改为"test"。

任务训练

请学生根据本任务学习内容，练习使用 DOM 获取元素的方法，并对元素的样式、属性和内容进行修改。

任务 2　使用原生方式实现动态交互功能

预备知识

一、流程控制语句

JavaScript 中的语句可以理解为一个行为，一个程序由若干个语句组成，即一个结果由若干个行为完成。在 JavaScript 中，程序可以分为 3 种基本结构，即分支结构、循环结构、顺序结构。分支结构表示根据不同的情况，执行某个分支所对应的代码；循环结构表示代码会重复执行；顺序结构表示从上到下执行代码。JavaScript 程序默认的是顺序结构。

1. 分支结构

分支结构会根据不同的情况，执行某个分支所对应的代码。分支结构的语句有 if 语句、switch 语句。

（1）if 语句。

在 if 语句中，先判断条件表达式是否成立，如果成立，则执行下面的分支语句。if 语句的语法格式如下：

```
if(条件表达式){
    分支语句
}
```

if 语句还可以拓展为 if…else 语句,它会先判断条件表达式是否成立,如果成立,则执行下面的分支语句;如果不成立,则执行 else 下面的分支语句。if…else 语句的语法格式如下:

```
if(条件表达式){
    分支语句
}else{
    分支语句
}
```

(2) switch 语句。

判断 switch 语句的参数是否与 case 语句的值匹配,如果匹配,则执行 case 下面的代码块;如果与所有的 case 语句的值都不匹配,则执行 default 下面的代码块。switch 语句的语法格式如下:

```
switch(n)
{
    case 1:
        代码块
        break;
    case 2:
        代码块
        break;
    default:
        代码块
}
```

2. 循环结构

循环结构会使一段代码重复执行指定次数。JavaScript 常用的循环语句有 for 语句、while 语句等。

(1) for 语句。

在 for 语句中,先判断条件表达式是否成立,如果成立,则执行代码块,渐变初始值,再判断条件表达式是否成立,直到初始值渐变后不符合条件表达式为止,才结束循环。for 语句的语法格式如下:

```
for (初始值; 条件表达式; 递增计数器变量)
{
    代码块
}
```

(2) while 语句。

while 语句会在指定条件为 true 时循环执行代码块,其语法格式如下:

```
while (条件)
{
    代码块
}
```

3. 顺序结构

顺序结构是 JavaScript 程序默认的执行代码结构，之前讲到的 JavaScript 程序中的所有语句都是顺序结构。

二、函数

在 JavaScript 中，函数是被设计为执行特定任务的代码块，主要作用是封装一段脚本程序，使开发人员在以后需要使用时可以多次调用该函数，而不用重复编写这段代码。

在 JavaScript 中声明函数，首先需要以 function 关键字开头，然后定义函数名称，function 关键字与函数名称之间要使用空格隔开，函数名称后面紧跟一对括号"()"与花括号"{}"。其中，"()"中可以定义函数中要使用的参数，"{}"中可以定义函数的实现代码（函数体）。定义函数的语法格式如下：

```
function 函数名称()
{
    // 执行代码
}
```

上述代码中的函数名称的命名规则，要遵循以下原则。
（1）首字符必须是字母、下画线。
（2）严格区分大小写字母。
（3）不能是关键字和保留字。
（4）函数命名尽量有意义。
（5）函数名称应遵循驼峰命名法。

三、对象

JavaScript 是一种面向对象的编程语言。在 JavaScript 中，所有的事物都可以看作对象，在现实生活中，对象就是一个具体的事物，一个具体的事物就会有行为和特征。

例如，用户的手机是对象，其特征有大小、颜色、内存等，它的行为有打电话、发短信等。对象的特征在 JavaScript 中称为"属性"，对象的行为在 JavaScript 中称为"方法"。

对象可以使用"{}"来创建，"{}"中可以定义对象中的属性，属性是以"键-值"对的形式出现的。其中，"键"（属性名称）必须是字符串类型，"值"（属性值）可以是任意数据类型，包括字符串、数字、数组、函数等，两个属性之间要使用","隔开。定义简单对象的语法格式如下：

```
var 对象名称{
    属性名称：属性值,
```

属性名称：属性值
}

名词解释

"键-值"对是计算机的专业术语，"键"是指存储的值的编号，"值"是指要存储的数据，"键-值"对是指每一个"键"会对应一个"值"，"键-值"对存储是数据库最简单的组织形式。

四、事件

在 HTML 页面中，用户与浏览器互动时发生的行为称为"JavaScript 事件"，如用户单击按钮、输入文字等。在 JavaScript 中，我们可以对这些事件进行监听，当 JavaScript 监听到这些事件发生时，会同时执行某些特定功能的程序。

在一般情况下，JavaScript 的事件可以分为 4 类：鼠标事件、键盘事件、表单事件、窗口事件。其中，鼠标事件是指通过鼠标的一系列操作触发的事件，如鼠标单击事件、鼠标指针经过事件、鼠标指针移动事件等；键盘事件是指用户在使用键盘时触发的事件，如 onkeydown、onkeypress、onkeyup 等；表单事件是指对 Web 表单操作时触发的事件，如 input 输入事件、change 更新事件、focus 获取焦点事件等；窗口事件是指由浏览器自身管理的，用于响应应用程序发生的各类事件，如改变窗口状态、调整位置和尺寸、窗口绘制、窗口关闭事件等。

常用的 JavaScript 事件如表 1-6 所示。

表 1-6 常用的 JavaScript 事件

事件	描述
onclick	单击鼠标时触发此事件
ondblclick	双击鼠标时触发此事件
onmousedown	按下鼠标左键时触发此事件
onmouseup	按下鼠标左键后又释放鼠标左键时触发此事件
onmouseover	当鼠标指针移动到某个元素上方时触发此事件
onmousemove	移动鼠标指针时触发此事件
onmouseout	当鼠标指针离开某个元素范围时触发此事件
onkeypress	当按下并松开键盘上的某个按键时触发此事件
onkeydown	当按下键盘上的某个按键时触发此事件
onkeyup	当松开键盘上的某个按键时触发此事件
onabort	在下载图片的过程中被用户中断时触发此事件
onbeforeunload	当前页面的内容将要被改变时触发此事件
onerror	当出现错误时触发此事件
onload	当页面内容加载完成时触发此事件
onmove	当移动浏览器的窗口时触发此事件
onresize	当改变浏览器的窗口大小时触发此事件
onscroll	当滚动浏览器的滚动条时触发此事件
onstop	当按下浏览器的"停止"按钮或正在下载的文件被中断时触发此事件

续表

事件	描述
oncontextmenu	当弹出右键上下文菜单时触发此事件
onunload	当改变当前页面时触发此事件
onblur	当前元素失去焦点时触发此事件
onchange	当前元素失去焦点并且元素的内容发生改变时触发此事件
onfocus	当某个元素获取焦点时触发此事件
onreset	当单击表单中的"重置"按钮时触发此事件
onsubmit	当提交表单时触发此事件

实施准备

请学生使用 HBuilder X 工具创建 Web 项目,并且在该项目根目录下创建 index.html 文件。本任务主要介绍 JavaScript 的基本语法。

任务实施与分析

在一般的电子商务网站中,无论使用 JavaScript 实现哪种交互功能,几乎所有的 JavaScript 脚本中都会用到 JavaScript 的基本语法。例如,商品信息中的商品数据,会先存储到 JavaScript 变量中,再渲染到页面中;在用户订单结算时,要使用 JavaScript 的运算符来计算商品价格;在计算商品价格时,要将商品价格转换为数字类型;在用户购买商品时,使用判断语句来判断用户是否登录了系统;在用户查看商品列表时,开发人员需要先在 JavaScript 脚本中将从后端获取的商品数据集合循环遍历后再渲染到页面中。

JavaScript 中的函数可以应用于电子商务网站的任何交互功能的实现。开发人员一般将某些独立的功能封装成一个函数,以便增加其他人员对代码的可读性和可维护性。JavaScript 对象在电子商务网站数据的获取和渲染中起到了重要作用。开发人员获取的所有商品数据都是以对象形式存储的,如开发人员想要获取商品名称,需要从商品对象中获取商品名称属性;JavaScript 事件的应用也非常广泛,如当用户单击某个商品图片时就会触发单击事件,当用户在页面中移动鼠标指针时就会触发鼠标指针移动事件,总之用户在网页中的大部分操作都对应着 JavaScript 中的事件。

JavaScript 的基本语法在实际项目中的应用如下。

一、变量

在 JavaScript 中,变量用于存储数据的值,通常使用 var 关键字来声明变量,代码如下:

```
var name;
var age;
```

变量也可以一次性定义多个,代码如下:

```
var name,age;
```

为变量赋值需要使用等号"=",代码如下:

```
name="张三";
age=20;
console.log(name+"-"+age)
```

在浏览器中运行上述代码,控制台输出结果如图1-17所示。

图1-17 控制台输出结果（1）

在声明多个变量时,也可以同时为这些变量赋值,代码如下:

```
var name="张三",age=20;
console.log(name+"-"+age)
```

二、运算符

1. 算术运算符

在 JavaScript 中,算术运算符用于实现简单的数学计算。分别计算 num1 和 num2 的值的代码如下:

```
var num1=7,num2=4;        //定义两个变量 num1 和 num2
console.log(num1+num2);   //控制台输出 num1+num2 的值
console.log(num1-num2);   //控制台输出 num1-num2 的值
console.log(num1*num2);   //控制台输出 num1×num2 的值
console.log(num1/num2);   //控制台输出 num1/num2 的值
console.log(num1%num2);   //控制台输出 num1%num2 的值
```

在浏览器中运行上述代码,控制台输出结果如图1-18所示。

图1-18 控制台输出结果（2）

2. 比较运算符

在 JavaScript 中，比较运算符用于比较两个变量的结果。分别比较 num1、num2 和 str 值的代码如下：

```javascript
var num1 = 7, num2 = 4,str = "7";   //定义3个变量，两个数字变量与一个字符串变量
console.log(num1 == str);            //比较 num1 == str 的结果
console.log(num1 === str);           //比较 num1 === str 的结果
console.log(num1 != num2);           //比较 num1 != num2 的结果
console.log(num1 !== str);           //比较 num1 !== str 的结果
console.log(num1 < num2);            //比较 num1 < num2 的结果
console.log(num1 > num2);            //比较 num1 > num2 的结果
console.log(num1 <= num2);           //比较 num1 <= num2 的结果
console.log(num1 >= num2);           //比较 num1 >= num2 的结果
```

在浏览器中运行上述代码，控制台输出结果如图 1-19 所示。

图 1-19 控制台输出结果（3）

3. 赋值运算符

在 JavaScript 中，赋值运算符用于为变量赋值。分别为 x 和 y 赋值的代码如下：

```javascript
var x = 5;              //定义变量 x
x += 5;                 //x 等于 x+5
console.log(x);         //输出 x 的值
var x = 10,             //定义变量 x
y = 5;                  //为 y 赋值 5
x -= y;                 //x 等于 x-y
console.log(x);         //输出 x 的值
x = 5;                  //为 x 赋值 5
x *= 5;                 //x 等于 x×5
console.log(x);         //输出 x 的值
x = 10;                 //为 x 赋值 10
x /= 5;                 //x 等于 x/5
console.log(x);         //输出 x 的值
```

```
x = 10;              //为x赋值10
x %= 4;              //x等于x%4
console.log(x);      //输出x的值
```

在浏览器中运行上述代码，控制台输出结果如图1-20所示。

图1-20　控制台输出结果（4）

4. 字符串运算符

在JavaScript中，字符串运算符用于进行字符串的拼接操作。对str1和str2字符串进行拼接的代码如下：

```
var str1 = "Hello ";            //定义变量str1
var str2 = "JavaScript!";       //定义变量str2
var str3 = str1 + str2;         //定义变量str3，为其赋值str1+str2
console.log(str3);              //输出str3的值
str1 += str2;                   //str1等于str1+str2
console.log(str1);              //输出str1的值
```

在浏览器中运行上述代码，控制台输出结果如图1-21所示。

图1-21　控制台输出结果（5）

5. 逻辑运算符

在JavaScript中，逻辑运算符用于判断表达式的运算结果，代码如下：

```
var x=6,y=3                     //定义两个变量，x赋值为6；y赋值为3
//控制台输出x<10 && y>1的结果，两边值都为true，结果为true
console.log(x < 10 && y > 1)
//控制台输出x<10 && y>4的结果，运算符左边值为true，右边值为false，结果为false
console.log(x < 10 && y > 4)
```

```
//控制台输出 x==5 || y==5 的结果，两边值都为 false，结果为 false
console.log(x==5 || y==5)
//控制台输出 x==6 || y==5 的结果，运算符左边值为 true，右边值为 false，结果为 false
console.log(x==6 || y==5)
console.log(!(x==y))//控制台输出!(x==y)的结果，false 的逻辑反为 true
```

将上述代码在浏览器中运行，控制台输出结果如图 1-22 所示。

图 1-22　控制台输出结果（6）

6. 条件运算符

在 JavaScript 中，条件运算符用于判断表达式是否成立，并控制结果。判断 x 是否大于 y，如果大于 y，则输出"x 大于 y"，否则输出"x 小于 y"，代码如下：

```
var x = 10, y = 5;//定义两个变量，x 赋值为 10，y 赋值为 5
//如果 x>y，则输出"x 大于 y"，否则输出"x 小于 y"
x > y ? console.log("x 大于 y") : console.log("x 小于 y");
```

在浏览器中运行上述代码，控制台输出结果如图 1-23 所示。

图 1-23　控制台输出结果（7）

三、数据类型

1. 数字（Number）类型

在 JavaScript 中，Number 类型用于存储数字类型的变量。通过 typeof()函数可以得到变量 num1 和 num2 的数据类型，代码如下：

```
var num1 = 123;              //定义变量 num1，赋值为 123
var num2 = 3.14;             //定义变量 num2，赋值为 3.14
console.log(typeof num1)     //控制台输出 num1 的数据类型
console.log(typeof num2)     //控制台输出 num2 的数据类型
```

在浏览器中运行上述代码，控制台输出结果如图 1-24 所示。

图 1-24　控制台输出结果（8）

2. 字符串（String）类型

在 JavaScript 中，String 类型用于定义字符串。定义字符串 str 的代码如下：

```
//定义变量str，赋值为字符串类型"Hello Javascript World!"
var str = "Hello Javascript World!";
console.log(typeof str);//查看变量的数据类型
```

在浏览器中运行上述代码，控制台输出结果如图 1-25 所示。

3. 布尔（Boolean）类型

在 JavaScript 中，Boolean 类型的值为 true 或 false。定义 num1 和 num2 的代码如下：

```
var num1 = 2>1          //定义变量num1，赋值为2>1的结果
var num2= 2<1           //定义变量num2，赋值为2<1的结果
console.log(num1)       //控制台输出true
console.log(num2)       //控制台输出false
```

在浏览器中运行上述代码，控制台输出结果如图 1-26 所示。

图 1-25　控制台输出结果（9）　　　　图 1-26　控制台输出结果（10）

四、流程控制语句

1. if 语句

定义一个变量 num，赋值为 10，如果这个变量大于 5，则弹窗显示 "num 是大于 5 的数值"，代码如下：

```
var num =10                    //定义一个变量num，赋值为10
if(num>5){                     //判断num是否大于5
```

```
    alert("num 是大于 5 的数值")      //弹窗显示"num 是大于 5 的数值"
}
```

在浏览器中运行上述代码，运行结果如图 1-27 所示。

图 1-27　浏览器运行结果（1）

有两个变量，求两个变量中的最大数，代码如下：

```
var num1 =10,num2=20            //定义变量 num1 与 num2
if(num1>num2){                  //判断 num1 是否大于 num2
    alert("最大数是 num1")       //弹窗显示"最大数是 num1"
}else{                          //条件不成立执行的代码块
    alert("最大数是 num2")       //弹窗显示"最大数是 num2"
}
```

在浏览器中运行上述代码，运行结果如图 1-28 所示。

图 1-28　浏览器运行结果（2）

有一个年龄数值，判断该年龄段是否属于未成年（小于 18 岁）、成年（18～59 岁）或老年（60 岁及以上），代码如下：

```
var num1 =20                         //定义变量 num1
if(num1<18){                         //判断 num1 是否小于 18
    alert("您还未成年！")             //弹窗显示"您还未成年!"
}else if(num1>=18 &&num1<60){        //判断 num1>18 并且 num1 小于 60
    alert("您已经成年了！")           //弹窗显示"您已经成年了!"
}else{                               //条件不成立执行的代码块
    alert("您已经老了！")             //弹窗显示"您已经老了!"
}
```

在浏览器中运行上述代码，运行结果如图 1-29 所示。

图1-29 浏览器运行结果（3）

2. switch 语句

某电子商务网站的会员系统是根据用户的会员等级 id 进行区分的。如果 id 为 1，则为普通会员；如果 id 为 2，则为青铜会员；如果 id 为 3，则为白银会员；如果 id 为 4，则为黄金会员，否则该用户为游客，代码如下：

```javascript
var id = 2                              //定义变量id
switch (id) {                           //switch 语句，条件为变量id
    case 1 :                            //分支语句1
        console.log("普通会员");         //控制台输出结果
        break;                          //结束 switch 语句
    case 2 :                            //分支语句2
        console.log("青铜会员");         //控制台输出结果
        break;                          //结束 switch 语句
    case 3 :                            //分支语句3
        console.log("白银会员");         //控制台输出结果
        break;                          //结束 switch 语句
    case 4 :                            //分支语句4
        console.log("黄金会员");         //控制台输出结果
        break;                          //结束 switch 语句
    default :                           //当分支语句不匹配时执行
        console.log("游客");             //控制台输出结果
}
```

在浏览器中运行上述代码，控制台输出结果如图 1-30 所示。

图1-30 控制台输出结果（11）

3. while 语句

使用 while 语句计算 1～100 范围内所有整数的和，代码如下：

```
var i = 1;              //定义变量 i
var sum = 0;            //定义变量 sum
while (i <= 100) {      //循环 1~100 范围内的整数
  sum += i;             //sum 等于 sum+i
  i++;                  //自增
}
console.log(sum);       //控制台输出结果
```

在浏览器中运行上述代码，控制台输出结果如图 1-31 所示。

图 1-31　控制台输出结果（12）

使用 do...while 语句计算 1~100 范围内所有整数的和，代码如下：

```
var i=1;                //定义变量 i
var sum=0;              //定义变量 sum
do {
    sum += i;           //sum 等于 sum+i
    i++;                // 自增
} while (i <= 100);     //循环条件 i≤100
console.log(sum);       //控制台输出 sum 的值
```

在浏览器中运行上述代码，控制台输出结果如图 1-32 所示。

图 1-32　控制台输出结果（13）

4．for 语句

使用 for 语句输出 1~10 范围内的所有整数，代码如下：

```
for (var i = 1; i <= 10; i++) { //变量 i=1，i 每次自增 1
    console.log(i + " ");        //控制台输出结果
}
```

在浏览器中运行上述代码，控制台输出结果如图 1-33 所示。

图 1-33　控制台输出结果（14）

五、函数

在 JavaScript 中，定义一个函数，在调用该函数时，传入参数，在网页中输出参数内容，代码如下：

```
function sayHello(name){//function 是关键字；sayHello 是函数名称；name 是参数
    document.write("Hello " + name);//网页输出内容为"Hello+参数"
}
sayHello('JavaScript!');//调用 sayHello()函数，传入参数 JavaScript
```

在浏览器中运行上述代码，运行结果如图 1-34 所示。

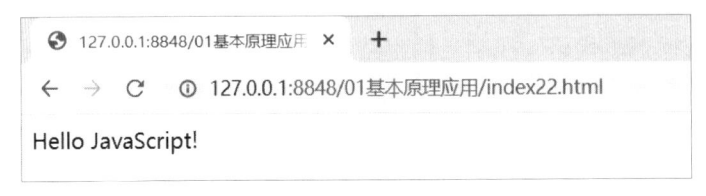

图 1-34　浏览器运行结果（4）

函数也可以作为一个计算方法使用，当需要计算两个数结果时，就可以直接调用函数，代码如下：

```
function getSum(num1, num2){     //定义 getSum()函数，参数为 num1、num2
    return num1 + num2;          //返回 num1+num2 的值
}
var sum1 = getSum(7, 12);        // 函数返回值为19
console.log("sum1",sum1)
```

在浏览器中运行上述代码，控制台输出结果如图 1-35 所示。

图 1-35　控制台输出结果（15）

六、对象

在 JavaScript 中，创建一个对象，它的属性有 name、age、sex 及函数 sayHi()，代码如下：

```
var demo = {
    name: 'zs',                              //name 是"键"，zs 是"值"
    age: 18,
    sex: true,
    sayHi: function () {                     //sayHi 为"键"，"值"为函数体
      console.log(this.name);
    }
};
document.write("姓名:" + demo.name + "<br>"); //网页输出 demo 对象中的 name 属性
document.write("年龄:" + demo["age"]);        //网页输出 demo 对象中的 age 属性
```

在浏览器中运行上述代码，运行结果如图 1-36 所示。

图 1-36　浏览器运行结果（5）

七、事件

在 JavaScript 中，创建一个按钮，当用户单击按钮时触发单击事件，提示用户单击了按钮，代码如下：

```
<!DOCTYPE html>
<html>
    <head>
        <meta charset="utf-8">
        <title></title>
    </head>
    <body>
        <button onclick="myBtn()">单击按钮</button>
```

```
        <script>
            function myBtn(){              //定义myBtn()函数
                alert("您单击了按钮!");    //单击按钮后弹窗显示内容
            }
        </script>
    </body>
</html>
```

在浏览器中运行上述代码,运行结果如图1-37所示。

图1-37 浏览器运行结果(6)

JavaScript中的事件也可以不用在元素中定义,可以直接使用DOM绑定事件,代码如下:

```
<!DOCTYPE html>
<html>
    <head>
        <meta charset="utf-8">
        <title></title>
    </head>
    <body>
        <button id="myBtn">单击按钮</button>
        <script>
            document.getElementById("myBtn").onclick =function(){alert("您单击了按钮!")};//使用内置函数来为button按钮绑定事件
        </script>
    </body>
</html>
```

JavaScript表单中的提交事件为onsubmit,在onsubmit事件中可以进行用户输入内容的验证,并阻止提交,代码如下:

```
<!DOCTYPE html>
<html>
    <head>
        <meta charset="utf-8">
        <title></title>
    </head>
    <body>
```

```html
            <form action="" onsubmit="return login()">
                <input type="text" id="name">
                <button type="submit">提交</button>
            </form>
        <script>
            //由于 form 标签中的 onsubmit 属性绑定了 login()函数，因此需要在脚本中定义 login()函数
            function login(){
                var name = document.getElementById("name");  //获取 name 元素节点
                if(name.value.length==0){            //判断 name 值的长度是否为 0
                    alert("用户名不能为空");           //弹窗提示内容
                    return false;                    //返回 false，函数结束
                }
                return true;                         //返回 true，函数正常执行
            }
        </script>
    </body>
</html>
```

在浏览器中运行上述代码，运行结果如图 1-38 所示。

图 1-38　浏览器运行结果（7）

拓展知识

一、JavaScript 程序的运行模式

JavaScript 程序的运行模式是单线程的，即 JavaScript 程序会一行一行地逐步往下执行，即使遇到耗时比较长的代码，也会一直等待该段代码执行完之后才会继续执行下面的代码。

通过上述运行模式，可以将单线程运行模式理解为同一时间只能执行一个任务，而不能同时执行多个任务。这也就意味着 JavaScript 程序可能会遇到耗时较久的程序而造成线程阻塞，如果这种现象反馈到客户端，用户就会感到页面"卡住"，继续进行操作就不会得到响应。

将 JavaScript 程序设计为单线程运行模式的原因是，在操作 DOM 时，开发人员在删除元素的同时又给这个元素添加了子元素。

二、JavaScript 其他常用语法介绍

除了前文介绍的一些 JavaScript 的基本语法，还有一些常用的 JavaScript 基本语法，如注释、for...in 语句、数组等。

1. 注释

在编写 JavaScript 程序的过程中，经常需要对某些函数进行解释，从而增强代码的可读性，而这些解释又不需要被执行，所以这些解释被称为"注释"，被注释的内容在 JavaScript 程序执行时会被忽略。

JavaScript 中的注释分为两种，单行注释和多行注释。其中，单行注释以"//"开头，代码如下：

```
//单行注释内容
```

多行注释以"/*"开头，以"*/"结尾，其中的任何内容都会被 JavaScript 忽略，代码如下：

```
/*
    网页中的任何内容
    都会被 JavaScript 忽略
*/
```

2. for...in 语句

JavaScript 中的 for...in 语句可以用于遍历对象的属性，其语法格式如下：

```
for (key in object) {
}
```

使用 for...in 语句遍历对象的代码如下：

```
var demo = {
    name: 'zs',
    age: 18,
    sex: true,
};
for (var item in demo) {
  console.log(item)
}
```

在浏览器中运行上述代码，控制台输出结果如图 1-39 所示。

图 1-39 控制台输出结果（16）

3. 数组

数组就是一系列值的有序集合，可以使用一个变量来存储很多的值，而数组中的这些值被称为"元素"。

如果想要访问数组中的元素，则可以通过索引来完成。索引就是数组中元素的数字位置。索引是从 0 开始的，依次向上递增。在 JavaScript 中创建数组的语法格式如下：

var arrays = [item1, item2, …, itemN];

数组可以使用定义变量的方式创建，创建一个简单数组的代码如下：

var language=["JavaScript","CSS","HTML","PHP","Java","Python"]

通过索引号 2 来访问数组中元素的代码如下：

var language= new Array("JavaScript","CSS","HTML","PHP","Java","Python");
document.write(language[2])

运行上述代码，可以在浏览器中看到输出内容为"HTML"，如图 1-40 所示。因为数组元素的索引号是从 0 开始的，所以"HTML"元素的索引号为 2。

如果想要把数组中索引号为 4 的元素修改为"JSP"，则可以直接将数组中索引号为 4 的元素赋值为"JSP"，代码如下：

var language= new Array("JavaScript","CSS","HTML","PHP","Java","Python");
language[4]="JSP"
document.write(language)

运行上述代码，可以看到输出内容为整个数组，其中索引号为 4 的元素"Java"已经被修改为"JSP"，如图 1-41 所示。

图 1-40　浏览器运行结果（8）　　　　图 1-41　浏览器运行结果（9）

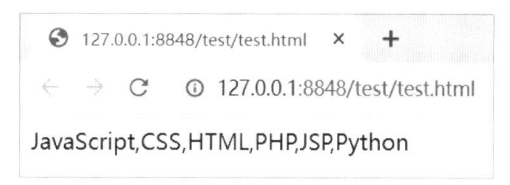

思考与总结

请学生认真学习本任务内容，仔细思考后回答以下问题。

JavaScript 中的基础数据类型有哪些？JavaScript 中的流程控制语句有哪些？

_____

_____

_____

能力提升

请学生根据本任务学习内容，完成以下任务。

（1）使用 JavaScript 中的循环语句，实现 1～100 范围内整数的阶乘。

（2）定义一个 JavaScript 函数，当调用该函数时，返回两个数字中的最大数。

脚本技术

任务训练

请学生根据本任务学习内容，创建项目，在 HTML 文件中练习 JavaScript 的基本语法的使用。

任务单 1-1

班级		学号		姓名	
实训 1	通过操作元素属性实现交互功能				
实训目的	练习 JavaScript 的基本语法应用				
实训过程	（1）创建 Web 项目，在 js 文件夹下创建 index.js 文件，在根目录下创建 index.html 文件。 Web 项目结构截图： （2）在 index.js 文件中获取 html 页面中所有的\<p\>元素，并设置所有\<p\>元素的字体颜色为红色。 JavaScript 代码截图： （3）在 index.html 页面中引入 index.js 文件，并在浏览器中运行。 浏览器运行结果截图：				
总结	（1）通过本次实训，你学到了什么？ （2）在本次实训中，你遇到了哪些问题，是怎么解决的？				

任务单 1-2

班级		学号		姓名	
实训 2	JavaScript 基本语法应用				
实训目的	练习 JavaScript 的基本语法应用				
实训过程	（1）创建 Web 项目，在 js 文件夹下创建 index.js 文件。 Web 项目结构截图： （2）定义两个变量，分别为两个变量赋值 20 和"JavaScript"。 JavaScript 代码截图： （3）定义两个变量 10 和 7，使用运算符计算两个数的乘积。 JavaScript 代码截图： （4）使用字符串运算符拼接两个不一样的字符串变量。 JavaScript 代码截图： （5）判断两个表达式的运算结果，当两边同时为 true 时，输出 true。 JavaScript 代码截图： （6）定义一个变量 num，并赋值为 29，使用函数判断该变量的数据类型。 JavaScript 代码截图： （7）用户在文本框中随机输入一个数字，单击按钮后判断该数字是否大于 10，如果大于 10，则输出"大于 10 的数字"，否则输出"小于 10 的数字"。 JavaScript 代码截图： （8）使用循环语句，计算 1+2+3+…+100 的和。 JavaScript 代码截图：				
总结	（1）通过本次实训，你学到了什么？ （2）在本次实训中，你遇到了哪些问题，是怎么解决的？				

项目 2
实现商城注册页的交互功能

项目 2 数字资源

项目背景

表单是一个网站中不可或缺的一部分。网站通过表单可以收集用户提交的信息，如姓名、性别、电话等。在电子商务网站中，表单常在注册、登录等页面被应用。用户在填写表单信息时，经常会出现错误。例如，用户在填写手机号码时少填写或多填写了一个数字，或在输入用户登录名时，不小心输入了空格，或填写的身份证号码、邮箱格式不正确等情况。

如果用户每填写一个表单项，就提交到服务器进行一次数据验证，这无疑会增加服务器的压力，同时用户需要等待服务器响应后，才会知道输入的内容有问题，这就既降低了用户的体验感，也造成了服务器资源的浪费。为了解决这些问题，JavaScript 可以在数据提交之前就对数据进行检查，先确认用户填写的内容格式无误，再发送给服务器。

学习内容

本项目的主要目的是学习电子商务网站中用户注册页的交互功能，具体学习内容如下。
（1）实现对用户的输入进行验证。
（2）实现商城注册页的数据交互功能。

学习目标

知识目标

（1）了解输入验证的概念。
（2）认识字符串的常用函数。
（3）理解正则表达式及常用函数。
（4）熟悉 jQuery 及其使用方法。
（5）了解 Ajax 及其使用方法。

（6）认识 jQuery 提供的 Ajax 函数。

技能目标

（1）能够熟练地使用字符串的常用函数。
（2）能够使用正则表达式验证手机号码、身份证号、银行卡号、电子邮箱、验证码。
（3）能够熟练地使用 jQuery 的选择器获取元素。
（4）能够使用 jQuery 的验证插件验证用户输入的内容。
（5）能够使用 Ajax 发送服务器端请求。
（6）能够使用 jQuery 提供的 Ajax 函数将数据提交到服务器。

素养目标

（1）通过与项目组成员之间的配合与协调，培养学生的团队合作能力。
（2）培养学生的自主学习能力，使其在开发日常项目中，能够积累文化、经济、社会等领域的知识，丰富知识图式，从而更好地胜任开发任务。

任务1　实现对用户的输入进行验证

预备知识

一、输入验证的概念

输入是指由环境产生的一种刺激，该刺激使得被测试的应用有所响应；验证是指对输入的正确性进行判断从而做出信任与否的一种行为。例如，在电子商务网站中，用户在注册时需要输入很多信息，如果将这些信息全部发送到服务器端，由服务器端进行信息验证和响应，将会增加服务器端的压力，因此将信息提交到服务器之前，就需要对这些信息进行初步的验证，如手机号码验证、身份证号码验证、电子邮箱格式验证等。

1. 手机号码验证

当用户在电子商务网站进行注册操作时，需要填写手机号码，为了防止用户填写错误的手机号码而造成服务器资源浪费，应该先判断手机号码是否正确。实现手机号码的输入验证需要使用正则表达式。

2. 身份证号码验证

用户在电子商务网站进行实名认证时，需要填写身份证号码。身份证号码一般由18位数字组成，且不能以0开头，最后一位可以是数字或X。实现身份证号码的输入验证需要使用正则表达式。

3. 电子邮箱格式验证

正确的电子邮箱格式应该由用户名、@和域名 3 部分组成，通过验证用户在注册电子商务网站时绑定的电子邮箱格式是否正确来判断其有效性。实现电子邮箱格式验证需要使用正则表达式。

除了上述介绍的 3 种输入验证方式，还有一些常用的输入验证方式，如银行卡验证、验证码验证等，后续将会详细介绍，这里不再赘述。

二、字符串的常用函数

字符串是一串由数字、字母、下画线组成的字符。在程序设计中，字符串被看成由符号或数值组成的一个连续序列。为了更加方便地操作字符串，JavaScript 提供了字符串对象 String。基本类型的字符串是没有操作函数的，因此当基本类型的字符串调用字符串函数时，会先把基本类型字符串包装成 String 类型的临时对象，再调用字符串对象的函数，最后销毁临时对象。

字符串和字符串对象之间能够自由转换，因此无论是创建字符串对象，还是直接声明字符串类型的变量，都可以直接使用字符串对象中提供的函数和属性。String 对象中的常用函数如表 2-1 所示。

表 2-1　String 对象中的常用函数

函数	描述
anchor()	创建一个 HTML 锚点，即生成一个<a>标签，标签的 name 属性为 anchor()函数中的参数
big()	使用大号字体显示字符串
blink()	显示闪动的字符串
bold()	使用粗体显示字符串
charAt()	返回在指定位置的字符
charCodeAt()	返回指定字符的 Unicode 编码
concat()	拼接字符串
fixed()	以打字机文本显示字符串
fontcolor()	使用指定的颜色来显示字符串
fontsize()	使用指定的尺寸来显示字符串
fromCharCode()	将字符编码转换为一个字符串
indexOf()	检索字符串，获取给定字符串在字符串对象中首次出现的位置
italics()	使用斜体显示字符串
lastIndexOf()	检索字符串，获取给定字符串在字符串对象中最后出现的位置
link()	将字符串显示为链接
localeCompare()	返回一个数字，并使用该数字来表示字符串对象是大于、小于还是等于给定字符串
match()	根据正则表达式匹配字符串中的字符
replace()	替换与正则表达式匹配的子字符串
search()	获取与正则表达式相匹配字符串首次出现的位置

续表

函数	描述
slice()	截取字符串的片断，并将其返回
small()	使用小字号显示字符串
split()	根据给定字符将字符串分割为字符串数组
strike()	使用删除线显示字符串
sub()	把字符串显示为下标
substr()	从指定索引位置截取指定长度的字符串
substring()	截取字符串中两个指定的索引之间的字符
sup()	把字符串显示为上标
toLocaleLowerCase()	把字符串转换为小写字母（考虑区域设置）
toLocaleUpperCase()	把字符串转换为大写字母（考虑区域设置）
toLowerCase()	把字符串转换为小写字母（不用考虑区域设置）
toUpperCase()	把字符串转换为大写字母（不用考虑区域设置）
toString()	返回字符串
valueOf()	返回某个字符串对象的原始值

三、正则表达式及常用函数

正则表达式是一种字符串检索模式，指对字符串（包括普通字符和特殊字符）操作的一种逻辑公式，主要用于对字符串数据进行某种逻辑上的过滤。正则表达式的语法格式如下：

```
/正则表达式主体/修饰符
```

正则表达式主体后面的修饰符是可选的，也可以不加修饰符。此处提到的修饰符是正则表达式在检索时所遵循的检索方式，即正则表达式设置字符串的匹配模式。常见的修饰符有 i 和 g 两种，i 修饰符表示正则检索内容时不区分大小写字母，g 修饰符表示正则检索内容时采用全局匹配，而不是找到第一个就停止。

一个简单的正则表达式代码如下：

```
var content= /JavaScript/i
```

在上述代码中，"/JavaScript/i" 是一个正则表达式。其中，"JavaScript" 是一个正则表达式主体，主要用于检索；"i" 是一个修饰符，它的作用是在检索 "JavaScript" 字符串时不区分大小写字母。

String 对象中的 search() 函数用于执行正则表达式，它的作用是在字符串中搜索匹配项，并返回第一个匹配的结果。如果没有找到匹配项，则返回-1。检索字符串中的 "Java"，且不区分大小写字母，代码如下：

```
var content= "Hello JavaScript";
var result = content.search(/Java/i);
```

在浏览器中运行上述代码，控制台输出结果为 6，正是字符串 "Java" 在 "Hello JavaScript" 字符串中的位置，如图 2-1 所示。

图 2-1 控制台输出结果

JavaScript 中 String 对象的 replace()函数用于替换字符串中与正则表达式相匹配的部分。如果想要将字符串"Hello JavaScript"中的"JavaScript"替换为"World",则可以使用正则表达式来实现,代码如下:

```
var content= "Hello JavaScript";
var result = content.replace(/JavaScript/i,"World");
```

在 JavaScript 中,RegExp 对象是一个预定义了属性和函数的正则表达式对象,RegExp 对象中的 test()函数用于检测一个字符串是否匹配某个模式。如果字符串中含有匹配的文本,则返回 true,否则返回 false。检测字符串中是否包含字符"e",代码如下:

```
var content= /e/;
patt.test("Hello JavaScript");
```

RegExp 对象中的 exec()函数用于在字符串搜索匹配项时,返回一个数组。如果没有匹配项,则返回 null,代码如下:

```
var content= /e/;
patt.exec("Hello JavaScript");
```

开发人员在实现电子商务网站注册页的相关功能时,往往需要设计很多验证,包括手机号码验证、身份证号码验证、银行卡号验证、电子邮箱格式验证、验证码校验等,具体验证方法如下。

1. 手机号码验证

当使用正则表达式验证手机号码时,应该先设置手机号码验证规则,"^"是起点,"$"是终点,第一个"1"表示第一位数是 1,"[3-9]"表示第二位数可取 3~9 范围内的数字,"\d{9}"表示可以匹配 9 位数字,代码如下:

```
var reg = /^1[3-9]\d{9}$/
btn.addEventListener("click",function(e){
    if(reg.test(phoneNumber)){
        alert("合法手机号码");
    }else{
        alert("非法手机号码");
    }
})
```

在浏览器中运行上述代码,运行结果如图 2-2 所示。

图 2-2　浏览器运行结果（1）

2. 身份证号码验证

中国居民的身份证号码一般由 18 位数字组成，且开头数字不能以 0 开始，最后一位可以是数字或 X。开发人员在设计身份证号码验证时，就需要遵循中国居民身份证号码的要求，使用正则表达式进行如下验证：

```
var idCard=/^[1-9][0-9]{16}[0-9xX]$/
```

文化视窗

> 身份证是用于证明持有人身份的证件，由各国或地区政府发行予居民。1984 年 4 月 6 日，国务院发布《中华人民共和国居民身份证试行条例》，并且开始颁发第一代居民身份证。
>
> 中国居民身份证号码执行的是 18 位身份证号码标准，其编码规则是特征组合码，由 17 位数字本体码和 1 位校验码组成，排列顺序从左到右依次是 6 位数字地址码、8 位数字出生日期码、3 位数字顺序码和 1 位校验码。
>
> 2004 年，中国居民身份证开始更新换代，国家为居民换发内置非接触式 IC 卡智能芯片的第二代居民身份证，第二代身份证具备强大的防伪功能和先进技术，身份证上面有居民的姓名、性别、出生日期、家庭住址、颁证机关等，利用专门的机器可以读取数字芯片内的信息。

3. 银行卡号验证

银行卡号是指各个银行发行的硬卡上的编号代码，各个银行之间的业务号段具有统一的规定。银行卡号的前 6 位数字代表发卡银行标识代码，被称为"BIN 号"，不同的 BIN 号代表了不同的银行卡组织和卡片级别。

银行卡号一般由 16 位卡号或 19 位卡号组成，不能以 0 开头，因此第一位数字限定范围为 1～9，后面匹配 15 位数字，"|"代表或，表示匹配 15 位数字或匹配 18 位数字，代码如下：

```
var bankCard= /^([1-9]{1})(\d{15}|\d{18})$/
```

4. 电子邮箱格式验证

电子邮箱是互联网的产物，为了满足人们通过互联网进行信息交换的通信需求。电子邮箱由用户名、@和域名 3 部分组成。其中，"用户名"是指用户电子邮箱的账号，"@"是分隔符，"域名"是指用户电子邮箱的邮件接收服务器域名，用来标志其所在的位置。

设计电子邮箱格式验证，可以通过随机字符串+@+域名 3 部分来实现，正则表达式验证规则如下：

```
var email=/^[a-zA-Z0-9.!#$%&'*+\/=?^_`{|}~-]+@[a-zA-Z0-9](?:[a-zA-Z0-9-]{0,61}[a-zA-Z0-9])?(?:\.[a-zA-Z0-9](?:[a-zA-Z0-9-]{0,61}[a-zA-Z0-9])?)*$/
```

5. 验证码验证

验证码的全称是"全自动区分计算机和人类的图灵测试",利用"人类可以用肉眼轻易识别图片里的文字信息"来区分操作者的真伪,在注册、登录、交易等各类场景中发挥着巨大作用。

早期网站中的验证码只是一些简单的问题,随着安全防护与破解入侵两方面的抗衡日益升级,验证码的难度在增加,形式也变得多样化。从简单的字母、数字、算术题,到扭曲的字符、模糊的图片,这些都被归类为知识性验证码。

在电子商务网站中,常用的验证码有计算验证码、拼图验证码等。

(1) 计算验证码。

以电子商务网站中的计算验证码为例,介绍其制作过程,具体步骤如下。

步骤1:创建验证码元素。

在网页中创建用于验证码显示的区域、计算结果的输入区域、提交按钮的显示区域,代码如下:

```
<div id="">
    <span class="validation" onclick="getCode()" title="单击更换验证码"></span>
    <input type="text" name="validation_value">
    <button onclick="submit()">提交</button>
</div>
```

步骤2:设置样式。

设置验证码显示区域的简单样式,代码如下:

```
.validation{
    border: 1px solid black;
    padding: 5px 10px;
    cursor: pointer;
    background-color: whitesmoke;
    width: 70px;
    display: inline-block;
}
input[type="text"]{
    width: 40px;
    height: 25px;
}
```

步骤3:生成验证码。

生成两位随机数字,并且进行简单数学运算,存储运算结果并显示到网页中,代码如下:

```
var result;
```

```
    getCode();
    function getCode(){
        var num1=parseInt(Math.random()*10)
        var num2=parseInt(Math.random()*10)
        var num3=parseInt(Math.random()*4)
        var operator =["+","-","*","/"]
        var validation=num1+" "+operator[num3]+" "+num2+" = ?"
        document.querySelector(".validation").innerHTML=validation
        if(num3==0){
            result=num1+num2
        }else if(num3==1){
            result=num1-num2
        }else if(num3==2){
            result=num1*num2
        }else{
            result=num1/num2
        }
    }
```

在浏览器中运行上述代码，运行结果如图 2-3 所示。

图 2-3　浏览器运行结果（2）

步骤 4：计算结果验证。

获取用户的输入内容，判断是否与计算结果相同，代码如下：

```
function submit(){
    var value= document.getElementsByName("validation_value")[0].value
    if(value==result){
        alert("验证码输入正确")
    }else{
        alert("验证码错误")
    }
    console.log(value)
}
```

在浏览器中输入计算结果，如图 2-4 所示。

图 2-4　验证码计算结果

（2）拼图验证码。

以电子商务网站中的拼图验证码为例，介绍其制作过程，具体步骤如下。

步骤 1：定义图片容器。

在 HTML 文件中定义图片容器，代码如下：

```html
<div class="container">
    <div id="captcha" style="position: relative"></div>
</div>
```

步骤 2：设置样式。

设置拼图的样式和滑块的样式，代码如下：

```css
.container {
width: 310px;
margin: 100px auto;
}
#msg {
width: 100%;
line-height: 40px;
font-size: 14px;
text-align: center;
}
a:link,
a:visited,
a:hover,
a:active {
margin-left: 100px;
color: #0366D6;
}
.block {
position: absolute;
left: 0;
top: 0;
}
.sliderContainer {
```

```css
position: relative;
text-align: center;
width: 310px;
height: 40px;
line-height: 40px;
margin-top: 15px;
background: #f7f9fa;
color: #45494c;
border: 1px solid #e4e7eb;
}
.sliderContainer_active .slider {
height: 38px;
top: -1px;
border: 1px solid #1991FA;
}
.sliderContainer_active .sliderMask {
height: 38px;
border-width: 1px;
}
.sliderContainer_success .slider {
height: 38px;
top: -1px;
border: 1px solid #52CCBA;
background-color: #52CCBA !important;
}
.sliderContainer_success .sliderMask {
height: 38px;
border: 1px solid #52CCBA;
background-color: #D2F4EF;
}
.sliderContainer_success .sliderIcon {
background-position: 0 0 !important;
}
.sliderContainer_fail .slider {
height: 38px;
top: -1px;
border: 1px solid #f57a7a;
background-color: #f57a7a !important;
}
.sliderContainer_fail .sliderMask {
height: 38px;
```

```css
border: 1px solid #f57a7a;
background-color: #fce1e1;
}
.sliderContainer_fail .sliderIcon {
background-position: 0 -83px !important;
}
.sliderContainer_active .sliderText,
.sliderContainer_success .sliderText,
.sliderContainer_fail .sliderText {
display: none;
}
.sliderMask {
position: absolute;
left: 0;
top: 0;
height: 40px;
border: 0 solid #1991FA;
background: #D1E9FE;
}
.slider {
position: absolute;
top: 0;
left: 0;
width: 40px;
height: 40px;
background: #fff;
box-shadow: 0 0 3px rgba(0, 0, 0, 0.3);
cursor: pointer;
transition: background .2s linear;
}
.slider:hover {
background: #1991FA;
}
.slider:hover .sliderIcon {
background-position: 0 -13px;
}
```

步骤3：定义滑块与画布参数。

```
const l = 42,        // 设置滑块中方形部分的边长
      r = 10,        // 设置滑块中图形部分的半径
      w = 310,       // 设置画布宽度
```

```
h = 155,              // 设置画布高度
PI = Math.PI
const L = l + r * 2   // 设置滑块实际边长
```

步骤 4：定义生成随机数范围的函数。

定义生成随机数范围的函数，在后面创建图片缺口时会使用，代码如下：

```
function getRandomNumberByRange(start, end) {
    return Math.round(Math.random() * (end - start) + start)
}
```

步骤 5：创建画布。

创建画布，设置画布的初始参数，代码如下：

```
function createCanvas(width, height) {
  const canvas = createElement('canvas')
  canvas.width = width
  canvas.height = height
  return canvas
}
```

步骤 6：创建图片。

创建图片元素，返回图片对象，代码如下：

```
function createImg(onload) {
    const img = createElement('img')
    img.crossOrigin = "Anonymous"
    img.onload = onload
    img.src = 'img/demo.png'
    return img
}
```

步骤 7：封装工具函数。

将创建元素节点、添加 class 名称、删除 class 名称封装为函数，以便重复调用，代码如下：

```
function createElement(tagName) {
    return document.createElement(tagName)
}
function addClass(tag, className) {
    tag.classList.add(className)
}
function removeClass(tag, className) {
    tag.classList.remove(className)
}
```

步骤 8：绘制画布内容。

使用函数在画布中绘制内容，并对该函数进行封装，方便后面调用，代码如下：

```
function draw(ctx, operation, x, y) {
    ctx.beginPath()
    ctx.moveTo(x, y)
    ctx.lineTo(x + l / 2, y)
    ctx.arc(x + l / 2, y - r + 2, r, 0, 2 * PI)
    ctx.lineTo(x + l / 2, y)
    ctx.lineTo(x + l, y)
    ctx.lineTo(x + l, y + l / 2)
    ctx.arc(x + l + r - 2, y + l / 2, r, 0, 2 * PI)
    ctx.lineTo(x + l, y + l / 2)
    ctx.lineTo(x + l, y + l)
    ctx.lineTo(x, y + l)
    ctx.lineTo(x, y)
    ctx.fillStyle = '#fff'
    ctx[operation]()
    ctx.beginPath()
    ctx.arc(x, y + l / 2, r, 1.5 * PI, 0.5 * PI)
    ctx.globalCompositeOperation = "xor"
    ctx.fill()
}
```

步骤9：封装计算方法。

将加法计算和乘法计算封装为函数，代码如下：

```
function sum(x, y) {
    return x + y
}
function square(x) {
    return x * x
}
```

步骤10：初始化网页内容。

初始化网页内容，使网页中显示预设的图片及滑块，代码如下：

```
initDOM() {
    const canvas = createCanvas(w, h) // 画布
    const block = canvas.cloneNode(true) // 滑块
    const sliderContainer = createElement('div')
    const refreshIcon = createElement('div')
    const sliderMask = createElement('div')
    const slider = createElement('div')
    const sliderIcon = createElement('span')
```

```
        const text = createElement('span')
        block.className = 'block'
        sliderContainer.className = 'sliderContainer'
        refreshIcon.className = 'refreshIcon'
        sliderMask.className = 'sliderMask'
        slider.className = 'slider'
        sliderIcon.className = 'sliderIcon'
        text.innerHTML = '向右滑动滑块填充拼图'
        text.className = 'sliderText'
        const el = this.el
        el.appendChild(canvas)
        el.appendChild(refreshIcon)
        el.appendChild(block)
        slider.appendChild(sliderIcon)
        sliderMask.appendChild(slider)
        sliderContainer.appendChild(sliderMask)
        sliderContainer.appendChild(text)
        el.appendChild(sliderContainer)
        Object.assign(this, {
            canvas,
            block,
            sliderContainer,
            refreshIcon,
            slider,
            sliderMask,
            sliderIcon,
            text,
            canvasCtx: canvas.getContext('2d'),
            blockCtx: block.getContext('2d')
        })
    }
```

步骤11：初始化图片。

当页面加载时，初始化页面中的图片，将图片显示在画布中，代码如下：

```
initImg() {
    const img = createImg(() => {
        this.canvasCtx.drawImage(img, 0, 0, w, h)
        this.blockCtx.drawImage(img, 0, 0, w, h)
        const y = this.y - r * 2 + 2
        const ImageData = this.blockCtx.getImageData(this.x, y, L, L)
        this.block.width = L
```

```
        this.blockCtx.putImageData(ImageData, 0, y)
    })
    this.img = img
}
```

步骤 12：随机创建滑块的位置。

随机创建滑块的位置，将滑块位置显示在画布中，代码如下：

```
draw() {
    this.x = getRandomNumberByRange(L + 10, w - (L + 10))
    this.y = getRandomNumberByRange(10 + r * 2, h - (L + 10))
    draw(this.canvasCtx, 'fill', this.x, this.y)
    draw(this.blockCtx, 'clip', this.x, this.y)
}
```

步骤 13：清空区域内的绘图。

当重新验证时，需要清空区域内的绘图，代码如下：

```
clean() {
    this.canvasCtx.clearRect(0, 0, w, h)
    this.blockCtx.clearRect(0, 0, w, h)
    this.block.width = w
}
```

步骤 14：绑定鼠标指针移动事件。

在鼠标指针移动时触发事件，获取当前坐标，添加滑块样式，代码如下：

```
document.addEventListener('mousemove', (e) => {
    if(!isMouseDown) return false
    const moveX = e.x - originX
    const moveY = e.y - originY
    if(moveX < 0 || moveX + 38 >= w) return false
    this.slider.style.left = moveX + 'px'
    var blockLeft = (w - 40 - 20) / (w - 40) * moveX
    this.block.style.left = blockLeft + 'px'
    addClass(this.sliderContainer, 'sliderContainer_active')
    this.sliderMask.style.width = moveX + 'px'
    trail.push(moveY)
})
```

步骤 15：验证拼图结果。

释放鼠标左键后验证拼图结果，如果拼图没有拼接成功，则验证失败；如果拼图拼接成功，则进入下一步骤的验证，代码如下：

```
document.addEventListener('mouseup', (e) => {
    if(!isMouseDown) return false
```

```
        isMouseDown = false
        if(e.x == originX) return false
        removeClass(this.sliderContainer, 'sliderContainer_active')
        this.trail = trail
        const {
            spliced,
            TuringTest
        } = this.verify()
        if(spliced) {
            if(TuringTest) {
                addClass(this.sliderContainer, 'sliderContainer_success')
                this.success && this.success()
            } else {
                addClass(this.sliderContainer, 'sliderContainer_fail')
                this.text.innerHTML = '再试一次'
                this.reset()
            }
        } else {
        alert("验证失败");
        addClass(this.sliderContainer, 'sliderContainer_fail')
        this.fail && this.fail();
        setTimeout(() => {
            this.reset()
        }, 1000)
        }
    })
```

步骤16：验证拖动轨迹。

验证拖动轨迹，判断每次拖动的轨迹是否相等，如果不相等，则表示人为操作，因为当出现人为操作时，每次拖动的距离都会不同，代码如下：

```
    verify() {
        const arr = this.trail                                      // 拖动时 Y 轴的移动距离
        const average = arr.reduce(sum) / arr.length                // 平均值
        const deviations = arr.map(x => x - average)                // 偏差数组
        const stddev = Math.sqrt(deviations.map(square).reduce(sum) /
arr.length)                                                         // 标准差
        const left = parseInt(this.block.style.left)
        return {
            spliced: Math.abs(left - this.x) < 10,
            TuringTest: average !== stddev,
        }
    }
```

步骤 17：重新验证。

当重新验证时，需要先清除画布内容，再重新绘制，代码如下：

```
reset() {
    this.sliderContainer.className = 'sliderContainer'
    this.slider.style.left = 0
    this.block.style.left = 0
    this.sliderMask.style.width = 0
    this.clean()
    this.img.src = getRandomImg()
    this.draw()
}
```

在浏览器中运行上述代码，运行结果如图 2-5 所示。

图 2-5　浏览器运行结果（3）

拖动滑块进行验证，验证完成后将出现提示信息，如图 2-6 所示。

图 2-6　拖动滑块进行验证

四、jQuery 概述

1. jQuery 的设计思想

jQuery 是一个 JavaScript 框架，也可以理解为 JavaScript 的函数库，使用 jQuery 可以更加方便地完成一些 JavaScript 的操作。jQuery 最基本的设计思想就是先获取页面中的元素，再对其进行处理，如优化 JavaScript 中获取页面元素的方式、提供美观的页面动态效果、优化元素迭代和数组处理、增强事件处理、更改网页内容等。

简单来说，jQuery 是一个封装了 JavaScript 的函数库，当选用网页元素之后，可以对其进行一系列操作，并且这些操作之间是可以连接起来的，每一步的 jQuery 操作都会返回一个 jQuery 对象，使用它比直接使用原生 DOM API 更方便、更好读。

2. jQuery 的基本语法

jQuery 的代码必须位于一个 document ready() 函数中，其语法格式如下：

```
$(document).ready(function(){
    //jQuery 代码…
});
```

document ready() 函数会在 HTML 文档完全加载完之后被执行，即 HTML 文档完全加载了所有元素之后，才执行 document ready() 函数中的 jQuery 代码。这是为了避免 HTML 文档在未完全加载时执行 document ready() 函数，导致失败。例如，当 HTML 文档在未加载完某个元素时，就使用 jQuery 获取这个元素，最终导致获取失败。

另外，document ready() 函数也有其简单写法，其语法格式如下：

```
$(function(){
    //jQuery 代码…
});
```

document ready() 函数的简单写法与完全写法的作用是相同的。

document ready() 函数中的 jQuery 代码以 "$" 开头，括号中是要查询的 HTML 元素。例如，要获取 id 为 "test" 的元素，jQuery 代码如下：

```
$(function(){
  document.read( $("#test") );
});
```

通过上述代码能获取 HTML 中 id 为 "test" 的元素，运行上述代码会输出 "[object Object]"。这是因为通过 "$("#id")" 获取到的是一个 jQuery 对象，而通过 document.getElementById 获取到的是 DOM 中的元素节点。

3. jQuery 选择器

开发人员通过 jQuery 选择器可以对一组或一个 HTML 元素进行操作。jQuery 选择器是通过对 HTML 元素的 id、类名、类型、属性等进行选择来操作元素的，它基于 CSS 选择器，但是除了 CSS 选择器，它还有自定义的一些其他选择器，jQuery 中所有的选择器都以 "$" 开头。常用的 jQuery 选择器如表 2-2 所示。

表 2-2 常用的 jQuery 选择器

选择器	示例代码	选取范围
*	$("*")	所有元素
#id	$("#lastname")	id="lastname"的元素
.class	$(".intro")	所有 class="intro"的元素
element	$("p")	所有<p>元素
.class.class	$(".intro.demo")	所有 class="intro"且 class="demo"的元素
:first	$("p:first")	第一个<p>元素
:last	$("p:last")	最后一个<p>元素
:even	$("tr:even")	所有偶数<tr>元素
:odd	$("tr:odd")	所有奇数<tr>元素
:eq(index)	$("ul li:eq(3)")	列表中的第四个元素（index 从 0 开始）
:gt(no)	$("ul li:gt(3)")	列出 index 大于 3 的元素
:lt(no)	$("ul li:lt(3)")	列出 index 小于 3 的元素
:not(selector)	$("input:not(:empty)")	所有不为空的 input 元素
:header	$(":header")	所有标题元素<h1>…<h6>
:animated	$(".my-elements").animate({opacity:0.5},1000)	所有动画元素
:contains(text)	$(":contains('W3School')")	包含指定字符串的所有元素
:empty	$(":empty")	无子（元素）节点的所有元素
:hidden	$("p:hidden")	所有隐藏的<p>元素
:visible	$("table:visible")	所有可见的表格
s1,s2,s3	$("th,td,.intro")	所有带有匹配选择的元素
[attribute]	$("[href]")	所有带有 href 属性的元素
[attribute=value]	$("[href='#']")	所有 href 属性的值等于"#"的元素
[attribute!=value]	$("[href!='#']")	所有 href 属性的值不等于"#"的元素
[attribute$=value]	$("[href$='.jpg']")	所有 href 属性的值包含以".jpg"结尾的元素
:input	$(":input")	所有<input>元素
:text	$(":text")	所有 type="text"的<input>元素
:password	$(":password")	所有 type="password"的<input>元素
:radio	$(":radio")	所有 type="radio"的<input>元素
:checkbox	$(":checkbox")	所有 type="checkbox"的<input>元素
:submit	$(":submit")	所有 type="submit"的<input>元素
:reset	$(":reset")	所有 type="reset"的<input>元素
:button	$(":button")	所有 type="button"的<input>元素
:image	$(":image")	所有 type="image"的<input>元素

续表

选择器	示例代码	选取范围
:file	$(":file")	所有 type="file"的<input>元素
:enabled	$(":enabled")	所有激活的 input 元素
:disabled	$(":disabled")	所有禁用的 input 元素
:selected	$(":selected")	所有被选取的 input 元素
:checked	$(":checked")	所有被选中的 input 元素

jQuery 选择器包括 id 选择器、class 选择器、元素选择器、层级选择器、过滤选择器、属性选择器、表单选择器。

（1）id 选择器。

id 选择器是标有特定 id 的 HTML 元素指定特定的样式，以"#"来定义。因为 HTML 元素的 id 属性是唯一的，所以使用 id 选择器获取的 HTML 元素只有一个。使用 id 选择器获取元素的语法格式如下：

```
<p id="test">这是一个段落。</p>
$(document).ready(function(){
  alert($("#test").text())
});
```

在浏览器中运行上述代码，弹出的警告弹窗中的内容为<p>标签中的文本内容，这说明通过$("#test")成功获取了 id 为"test"的元素，运行结果如图 2-7 所示。

图 2-7　浏览器运行结果（4）

（2）class 选择器。

class 选择器是标有 class 的 HTML 元素指定特定的样式，以"."来定义。因为 HTML 元素的 class 属性不是唯一的，所以使用 class 选择器获取的 HTML 元素可能有多个。使用 class 选择器获取元素的语法格式如下：

```
<p class="test">这是一个段落。</p>
<p class="test">这是另外一个段落。</p>
$(document).ready(function(){
   alert($(".test").text())
});
```

在浏览器中运行上述代码，弹出的警告弹窗中的内容为两个<p>标签中的文本内容，这说明通过$(".test")成功获取了所有 class 属性为"test"的元素，运行结果如图 2-8 所示。

图 2-8　浏览器运行结果（5）

（3）元素选择器。

元素选择器可以通过 HTML 元素的标签名获取指定的元素，因为 HTML 中的元素并不是唯一的，所以使用元素选择器获取的 HTML 元素可能有多个。使用元素选择器获取元素的语法格式如下：

```
<h1>这是一个标题。</h1>
<p class="test">这是一个段落。</p>
<p class="test">这是另外一个段落。</p>
$(document).ready(function(){
    alert($("p").text())
});
```

在浏览器中运行上述代码，弹出的警告弹窗中的内容为两个<p>标签中的文本内容，这说明通过$("p")成功获取了 HTML 中所有的<p>标签，运行结果如图 2-9 所示。

图 2-9　浏览器运行结果（6）

（4）层级选择器。

层级选择器用于获取元素的父子、后代、兄弟、相邻的元素。例如，开发人员想要获取 div 元素的子元素，代码如下：

```
<div id="first">
    <p class="test">这是一个段落。</p>
</div>
$(document).ready(function(){
    alert($("#first p").text())
});
```

在浏览器中运行上述代码，运行结果如图 2-10 所示。

图 2-10 浏览器运行结果（7）

（5）过滤选择器。

过滤选择器用于过滤选中的非必要元素。例如，开发人员想要获取所有<p>元素中的第一个元素，可以使用":first"选择器，该选择器与其他元素一起使用，可以选择指定元素中的第一个元素，其语法格式如下：

```
<h1>这是一个标题。</h1>
<p class="test">这是一个段落。</p>
<p class="test">这是另外一个段落。</p>
$(document).ready(function(){
    alert($("p:first").text())
});
```

在浏览器中运行上述代码，弹出的警告弹窗中的内容为第一个<p>标签中的文本内容，这说明通过$(" p:first")成功获取了 HTML 中所有<p>标签中的第一个元素，运行结果如图 2-11 所示。

图 2-11 浏览器运行结果（8）

注意：如果想要获取所有标签中的最后一个元素，则可以使用":last"选择器，其使用方法与":first"选择器的使用方法一致。

（6）属性选择器。

属性选择器用于根据元素的属性值获取元素。例如，使用 jQuery 的":submit"选择器可以获取所有 type="submit"的<input>和<button>元素，因为 HTML 中<submit>元素可能有多个，所以使用":submit"选择器获取的 HTML 元素可能有多个。使用":submit"选择器获取元素的语法格式如下：

```
<form action="">
  <input type="submit" value="Submit" />
  <button type="submit">Submit Button</button>
</form>
```

```
$(document).ready(function(){
    $(":submit").css("background-color","yellow");
});
```

在浏览器中运行上述代码，两个 Submit 按钮的背景色均变为了黄色，这说明使用 $(":submit")获取了页面中所有的 type="submit"的<input>和<button>元素，运行结果如图 2-12 所示。

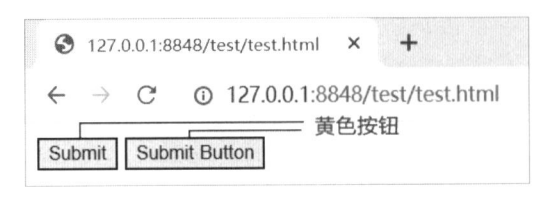

图 2-12 浏览器运行结果（9）

（7）表单选择器。

表单选择器用于获取所选择的表单元素。例如，使用 jQuery 的 ":input" 选择器可以获取所有的<input>元素，因为 HTML 中<input>元素可能有多个，所以使用 ":input" 选择器获取的 HTML 元素可能有多个。使用 ":input" 选择器获取元素的语法格式如下：

```
<form action="">
  Name: <input type="text" name="user"/>
  <br />
  Password: <input type="password" name="password"/>
</form>
$(document).ready(function(){
    $(":input").css("background-color","red");
});
```

在浏览器中运行上述代码，Name 文本框与 Password 文本框的背景色均变为红色，这说明使用$(":input")获取了页面中所有的<input>元素。另外，":input" 选择器也适用于 button 元素，运行结果如图 2-13 所示。

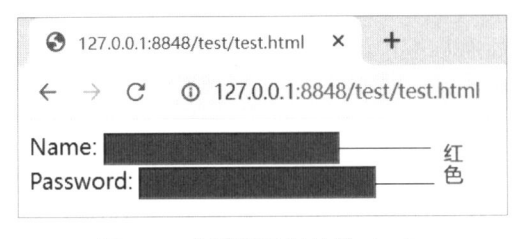

图 2-13 浏览器运行结果（10）

4. 事件函数

在 jQuery 中，事件函数用于触发所匹配元素的事件，或者将函数绑定到所有匹配元素的某个事件。jQuery 中常用的事件函数如表 2-3 所示。

表 2-3 jQuery 中常用的事件函数

函数	描述
bind()	向匹配元素添加一个或多个事件处理器
blur()	触发或将函数绑定到指定元素的 blur 事件
change()	触发或将函数绑定到指定元素的 change 事件
click()	触发或将函数绑定到指定元素的 click 事件
dblclick()	触发或将函数绑定到指定元素的 dblclick 事件
delegate()	向匹配元素的当前或未来的子元素添加一个或多个事件处理器
die()	移除所有通过 live()函数添加的事件处理程序
error()	触发或将函数绑定到指定元素的 error 事件
event.isDefaultPrevented()	检查指定的事件上是否调用了 event.preventDefault()函数
event.pageX()	获取鼠标指针相对于页面 X 坐标的位置
event.pageY()	获取鼠标指针相对于页面 Y 坐标的位置
event.preventDefault()	阻止事件的默认动作
event.result()	包含由被指定事件触发的事件处理器返回的最后一个值
event.target()	触发该事件的 DOM 元素
event.timeStamp()	该属性返回从 1970 年 1 月 1 日到事件发生时的毫秒数
event.type()	描述事件的类型
event.which()	指示按了哪个键或按钮
focus()	触发或将函数绑定到指定元素的 focus 事件
keydown()	触发或将函数绑定到指定元素的 keydown 事件
keypress()	触发或将函数绑定到指定元素的 keypress 事件
keyup()	触发或将函数绑定到指定元素的 keyup 事件
live()	为当前或未来的匹配元素添加一个或多个事件处理器
load()	触发或将函数绑定到指定元素的 load 事件
mousedown()	触发或将函数绑定到指定元素的 mousedown 事件
mouseenter()	触发或将函数绑定到指定元素的 mouseenter 事件
mouseleave()	触发或将函数绑定到指定元素的 mouseleave 事件
mousemove()	触发或将函数绑定到指定元素的 mousemove 事件
mouseout()	触发或将函数绑定到指定元素的 mouseout 事件
mouseover()	触发或将函数绑定到指定元素的 mouseover 事件
mouseup()	触发或将函数绑定到指定元素的 mouseup 事件
one()	向匹配元素添加事件处理器。每个元素只能触发一次该处理器
ready()	文档就绪事件（当 HTML 文档就绪可用时）
resize()	触发或将函数绑定到指定元素的 resize 事件
scroll()	触发或将函数绑定到指定元素的 scroll 事件
select()	触发或将函数绑定到指定元素的 select 事件
submit()	触发或将函数绑定到指定元素的 submit 事件
toggle()	绑定两个或多个事件处理器函数（当发生轮流的 click 事件时）
trigger()	所有匹配元素的指定事件
triggerHandler()	第一个被匹配元素的指定事件
unbind()	从匹配元素中移除一个使用 bind()函数添加的事件处理器

续表

函数	描述
undelegate()	从匹配元素中移除一个使用 delegate()函数添加的事件处理器
unload()	触发或将函数绑定到指定元素的 unload 事件

jQuery 中常用的事件函数的语法格式及实例如下。

(1) click()函数。

click()函数用于触发 click 事件。click 事件会在用户单击某个元素时被触发。为某个元素绑定 click 事件的语法格式如下：

```
$(selector).click()
```

在 click()函数中可以将函数绑定到 click 事件，其语法格式如下：

```
$(selector).click(function)
```

实现单击一个按钮，对文本颜色进行更换，代码如下：

```
<p>Hello jQuery!</p>
<button>更换颜色</button>
$(document).ready(function(){
  $("button").click(function(){
    $("p").css("color","red")
  });
});
```

在浏览器中运行上述代码，当单击"更换颜色"按钮时，会触发 click()函数，执行其中的代码，将<p>元素的文本颜色更换为红色，运行结果如图 2-14、图 2-15 所示。

图 2-14　单击"更换颜色"按钮前的　　　图 2-15　单击"更换颜色"按钮后的
　　　　　浏览器运行结果　　　　　　　　　　　　　浏览器运行结果

(2) focus()函数。

focus()函数用于触发 focus 事件，当元素获得焦点时执行其中的函数。实现文本框获得焦点时改变其背景颜色，代码如下：

```
name: <input type="text" />
$(document).ready(function(){
  $("input").focus(function(){
    $("input").css("background-color","#FFFFCC");
  });
});
```

在浏览器中运行上述代码，当文本框获得焦点时，其背景颜色变为黄色。当文本框失去焦点时，可以触发 blur 事件，blur 事件使用 blur()函数触发，其使用方法与 focus()函数的使用方法相同，运行结果如图 2-16、图 2-17 所示。

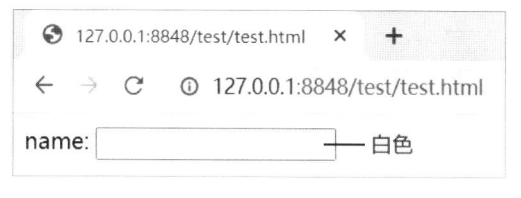

图 2-16　文本框获得焦点前的浏览器运行结果

图 2-17　文本框获得焦点后的浏览器运行结果

（3）dblclick()函数。

dblclick()函数用于触发 dblclick 事件，当短时间内发生两次 click 事件时，执行 dblclick()函数。实现双击按钮切换文本颜色的效果，代码如下：

```
<p>Hello jQuery!</p>
<button>请双击此处</button>
$(document).ready(function(){
  $("button").dblclick(function(){
    $("p").css("color","red");
  });
});
```

在浏览器中运行上述代码，单击"请双击此处"按钮是没有任何作用的，双击"请双击此处"按钮可以看到文本的颜色变为红色。在使用 dblclick 事件时，尽量不要同时使用 click 事件，可能会造成事件冲突，运行结果如图 2-18、图 2-19 所示。

图 2-18　双击"请双击此处"按钮前的
　　　　　浏览器运行结果

图 2-19　双击"请双击此处"按钮后的
　　　　　浏览器运行结果

（4）mouseenter()函数。

mouseenter()函数用于触发 mouseenter 事件，当鼠标指针穿过被选元素时，执行 mouseenter()函数。实现鼠标指针穿过<p>元素时更换背景颜色，代码如下：

```
<p>Hello jQuery!</p>
$(document).ready(function(){
  $("p").mouseenter(function(){
    $("p").css("background-color","yellow");
  });
});
```

在浏览器中运行上述代码，当鼠标指针穿过文本时，其背景颜色变为黄色。在一般情况下，mouseenter()函数经常与mouseleave()函数一起使用，两个函数的使用方式相同，当鼠标指针从元素上移开时，会触发mouseleave()函数，运行结果如图2-20、图2-21所示。

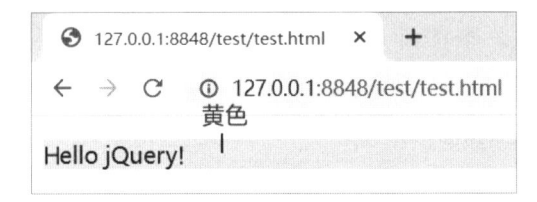

图2-20　鼠标指针穿过文本前的浏览器运行结果　　　　图2-21　鼠标指针穿过文本后的运行结果

（5）hide()函数与show函数。

hide()函数用于隐藏元素。实现隐藏文本，代码如下：

```
<p>Hello jQuery!</p>
$(document).ready(function(){
  $("p").click(function(){
    $(this).hide();
  });
});
```

在浏览器中运行上述代码，当单击文本时，隐藏该文本。

show()函数用于显示隐藏的元素。实现显示前面隐藏的文本，代码如下：

```
<p>Hello jQuery!</p>
<button id="show" type="button">显示</button>
$(document).ready(function(){
  $("p").click(function(){
    $(this).hide();
  });
  $("#show").click(function(){
    $("p").show();
  });
});
```

在浏览器中运行上述代码，当单击文本时，隐藏该文本，继续单击"显示"按钮，显示所隐藏的文本。

五、jQuery验证插件的使用方法

jQuery中有很多插件，可以为开发人员的工作提供便利，其中，validation插件可以为form表单提供强大的表单验证功能，使得客户端信息验证不再需要重复编写复杂的验证规则。如果开发人员要在项目中使用validation插件，则首先需要导入jQuery库，再导入jquery.validate.js库，代码如下：

```
<script type="text/javascript" src="js/jquery.min.js"></script>
<script type="text/javascript" src="js/jquery.validate.js"></script>
```

导入插件库以后，就可以对页面中的表单进行验证规则的定义，其语法格式如下：

```
$(function(){
var validate = $("#form").validate({
  rules:{
    //验证规则
  },
  messages:{
    //提示信息
  }
})
});
```

在上述代码中，rules 中定义了验证规则，验证规则以"键-值"对的形式定义，其中，key 是要验证的元素，value 是字符串或对象，用来定义验证的规则，如必填、限制最大长度等；messages 中的提示信息也是以"键-值"对的形式定义的，其中，key 是要验证的元素，value 是验证不通过时的提示信息。

实施准备

请学生使用 HBuilder X 工具创建一个空白项目，在该项目中创建 HTML 文件，并引入 jQuery 库与 jQuery 插件库，为商城注册页交互功能的实现做准备。

任务实施与分析

商城登录页面一般需要输入用户名、密码，且在同意《用户隐私协议》后才可以登录网站。要实现登录页面的验证功能，就需要先实现登录页面元素，再对这些元素进行验证，具体步骤如下。

步骤 1：实现登录页面元素。

实现登录页面元素，需要添加"用户名"文本框、"密码"文本框、"我已阅读并同意《用户隐私协议》"复选框与"立即登录"按钮，代码如下：

```
<div class="content">
    <div class="login-title">用户登录</div>
    <form id="form" method="post">
        <div class="input-row">
            <label for="username">用户名：</label>
            <input id="username" name="username" type="text" placeholder="请输入用户名" >
```

```html
        </div>
        <div class="input-row">
            <label>密码: </label>
            <input name="password" type="password" placeholder="请输入密码" >
        </div>
        <div class="input-row">
            <input type="checkbox" name="agree" title="我已阅读并同意《用户注册协议》" checked="">
            <span id="">
                我已阅读并同意《用户隐私协议》
            </span>
        </div>
        <div class="input-row">
            <button id="submit">立即登录</button>
        </div>
    </form>
</div>
```

步骤2：设置登录页面的元素样式。

设置登录页面的元素样式，代码如下：

```css
.content{
    margin-top: 50px;
}
.login-title{
    font-size: 30px;
    margin-left: 200px;
}
.input-row{
    margin-top: 20px;
    display: flex;
}
.input-row input{
    border: 1px rgb(204, 204, 204) solid;
    border-radius: 2px;
    width: 398px;
    height: 38px;
    margin-right: 20px;
    padding: 0 10px;
}
.input-row input[type=checkbox]{
    width: 16px;
```

```css
    height: 16px;
}
.input-row span{
    font-size: 14px;
}
button{
    color: #fff;
    border-radius: 2px;
    background-color: rgb(48, 179, 14);
    width: 160px;
    height: 40px;
    cursor: pointer;
    border: 0;
    margin-left: 180px;
}
.input-error{
    color: red;
}
.error{
    display: block;
    color: red;
}
```

在浏览器中运行上述代码，登录页面样式如图 2-22 所示。

图 2-22 登录页面样式

步骤 3：引入 jQuery 库与 jQuery 插件库。

先引入 jQuery 库，再引入 jQuery 插件库，代码如下：

```html
<script src="js/jquery.min.js" type="text/javascript"></script>
```

```
<script src="js/jquery-validation.js" type="text/javascript"></script>
```

注意：因为 jQuery 插件库必须依赖 jQuery 库才可以运行，所以必须先引入 jQuery 库。

步骤 4：使用 validate()函数初始化验证。

获取登录页面中表单的元素节点，使用 validate()函数初始化验证，代码如下：

```
$(function(){
    $("#form").validate({//使用 validate()函数初始化验证
        rules:{
        },
        messages:{
        }
    });
});
```

步骤 5：设置验证规则。

在 rules 中设置表单的验证规则，代码如下：

```
rules:{
    username:{
        required:true,
        minlength:6,
        maxlength:18
    },
    password:{
        required:true,
        minlength:6,
        maxlength:18
    },
    agree:"required"
}
```

在上述代码中，"required:true"表示该项必填；"minlength:6"表示最小输入长度为 6 个字符；"maxlength:18"表示最大输入长度为 18 个字符。

步骤 6：设置提示信息。

表单验证规则设置完成后，还需要在 messages 中设置表单验证失败时的提示信息，代码如下：

```
messages:{
    username:{
        required:"请输入用户名",
        minlength:"用户名长度不能小于 6 个字符",
        maxlength:"用户名长度不能大于 18 个字符"
    },
    password:{
```

```
                    required:"请输入密码",
                    minlength:"密码长度不能小于 6 个字符",
                    maxlength:"密码长度不能大于 18 个字符"
            },
            agree:{
                    required:"请阅读并同意《用户隐私协议》"
            }
    }
```

步骤 7：在浏览器中运行代码。

在浏览器中运行上述代码，就可以看到验证提示，如图 2-23 所示。

图 2-23 浏览器运行结果（11）

拓展知识

一、jQuery 对象引发校验程序的函数

在使用 validation 插件验证表单时，可以先使用 jQuery 获取表单对象，再调用 validate() 函数来触发校验程序，并定义验证规则，另外，还可以直接将校验规则写在 HTML 元素中，代码如下：

```
<input id="username" name="name" minlength="2" type="text" required>
```

上述代码中的 minlength="2" 与 required 就是验证规则，分别定义用户名长度和必填项，其中用户名长度不能小于两个字符。

二、validate() 函数的可选项

validate() 函数中除了有 rules 选项与 messages 选项，还有一些其他的可选项，如表 2-4 所示。

表 2-4 validate() 函数的可选项

可选项	值类型	描述
debug	Boolean	是否启用调试模式，如果启用调试模式，则不提交表单，只在控制台显示错误
submitHandler	Function	通过验证后执行该属性定义的函数

续表

可选项	值类型	描述
invalidHandler	Function	提交无效表单时的自定义代码回调
ignore	Selector	验证表单时忽略的元素
groups	Object	指定错误消息的分组
normalizer	Function	将元素的值在验证前进行转换（不会改变初始值）
onsubmit	Boolean	规定是否在提交前进行验证
onfocusout	Boolean/Function	在失去焦点时验证
onkeyup	Boolean/Function	在按下键盘时验证
onclick	Boolean/Function	在单击元素时验证
focusInvalid	Boolean	在提交表单后，保持提交表单前拥有焦点元素的焦点
focusCleanup	Boolean	当一个错误的元素获取到焦点时，移除其错误属性
errorClass	String	创建错误标签
validClass	String	为验证成功的元素添加属性
errorElement	String	指定创建错误信息的元素
wrapper	String	用指定的元素包装错误标签
errorLabelContainer	Selector	指定展示封装后的错误信息的元素
errorContainer	Selector	指定需要展示的表单验证过程中产生的错误
showErrors	Function	自定义消息显示处理程序
errorPlacement	Function	自定义错误信息的添加位置
success	String/Function	为成功的元素添加回调函数
highlight	Function	为错误的元素添加回调函数
unhighlight	Function	移除错误的元素上的回调函数
ignoreTitle	Boolean	跳过从 title 属性读取消息

思考与总结

通过本任务的学习，学生能够了解如何使用 validation 插件验证表单。请学生认真学习本任务内容，仔细思考后回答以下问题。

使用 validation 插件需要导入几个 JavaScript 库？分别是什么？

_____

_____

_____

能力提升

请学生根据本任务学习内容，完成以下任务。

（1）创建简单表单，包含用户名、密码，使用 validation 插件在元素中写入验证规则。

（2）创建简单表单，包含用户名、密码，使用 validation 插件在 JavaScript 脚本中编写表单的验证规则。

> 任务训练

请学生根据本任务学习内容，练习使用 validation 插件验证登录表单的方法。

任务2　实现商城注册页的数据交互功能

> 预备知识

一、Ajax 概述

1. Ajax 的基本概念

Ajax（Asynchronous JavaScript and XML，异步的 JavaScript 与 XML）是一种用于创建交互性更强的 Web 应用程序的技术，其使用到的技术包括 JavaScript、XML、JSON、DOM、CSS、HTML 及 XMLHttpRequest 对象等。

Ajax 可以异步从后台加载数据，这意味着 Ajax 可以不刷新页面，就能将新的数据渲染到页面中。异步是指当程序执行到 Ajax 代码时，会将 Ajax 代码移交给另一个线程来执行，无论其最后的执行结果如何，都不会影响当前的线程继续向下执行。

2. Ajax 的基本原理

当网页中的用户触发某个事件时（如用户单击了某个按钮），Ajax 先使用 XMLHttpRequest 对象向服务器发送一个 HTTP 请求，服务器接收并处理该请求后，创建响应数据并返回给浏览器，浏览器再使用 JavaScript 处理服务器响应的结果，最后将数据渲染到页面中。Ajax 的工作原理示意图如图 2-24 所示。

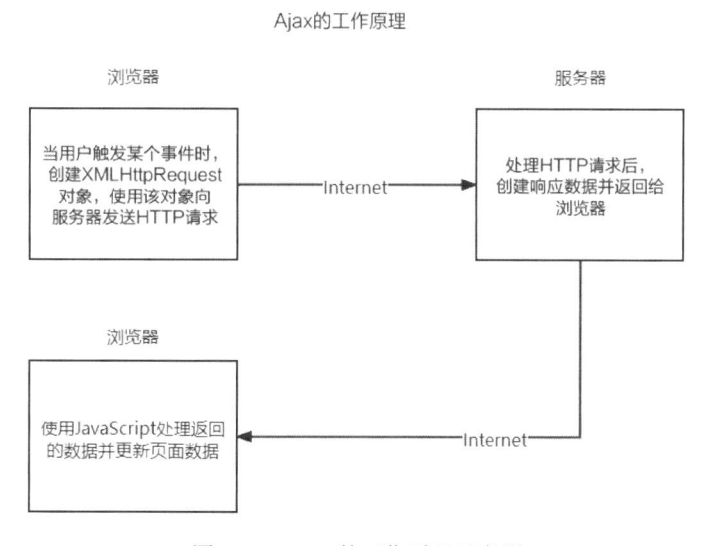

图 2-24　Ajax 的工作原理示意图

3. XMLHttpRequest 对象

Ajax 使用浏览器内置的 XMLHttpRequest 对象向服务器发送 HTTP 请求，并接收服务器响应的数据。使用 XMLHttpRequest 对象请求和响应数据是不会阻塞当前线程的，即不会影响当前执行的任务。XMLHttpRequest 对象的常用属性如表 2-5 所示。

表 2-5　XMLHttpRequest 对象的常用属性

属性	描述
onreadystatechange	存储函数（或函数名），每当 readyState 的属性改变时，就会调用该函数
readyState	XMLHttpRequest 对象从 0 到 4 的变化状态。 0：请求未初始化。 1：服务器连接已建立。 2：请求已接收。 3：请求处理中。 4：请求已完成，且响应已就绪
responseText	以文本形式返回响应
responseXML	以 XML 格式返回响应
status	将状态返回为数字（如"Not Found"为 404，"OK"为 200）
statusText	以字符串形式返回状态（如"Not Found"或"OK"）

XMLHttpRequest 对象还提供了一些常用的函数，如表 2-6 所示。

表 2-6　XMLHttpRequest 对象的常用函数

函数	描述
abort()	取消当前请求
getAllResponseHeaders()	以字符串形式返回完整的 HTTP 标头集
getResponseHeader(headerName)	返回指定 HTTP 标头的值
void open(method,URL)	打开指定获取或提交的方法和 URL 的请求
void open(method,URL,async)	打开指定获取或提交的方法和 URL 的请求，但指定异步或非异步
void open(method,URL,async,userName,password)	打开指定获取或提交的方法和 URL 的请求，但指定用户名和密码
void send(content)	发送获取请求
setRequestHeader(label,value)	将"标签-值"对添加到要发送的 HTTP 标头

4. 传统 Ajax 的工作流程

当传统 Ajax 发送请求时，需要先创建 XMLHttpRequest 对象和初始化请求，初始化请求需要设置请求的类型、URL、是否异步、用户名或密码，初始化成功后调用 send()函数发送请求，请求发送完成后只需要在回调函数中接收服务器的响应结果即可。

二、jQuery 提供的 Ajax 函数

jQuery 提供了以下几种常用的 Ajax 函数来实现请求。

1. $.ajax()函数

$.ajax()函数用于通过 HTTP 请求加载远程服务器中的数据，该函数可以不带任何参数直接使用。但是在一般情况下使用$.ajax()函数会携带一些常用参数，代码如下：

```
$.ajax({
  url: page,
  data:{"name":value},
  success: function(result){
    $("#div1").html(result);
  }
});
```

在上述代码中，$.ajax()函数中的 url 参数表示访问后端服务的请求地址为 page；data 参数表示请求服务器时所携带的参数；success 表示请求服务器成功返回后对应的响应函数。

除了上述代码中使用到的参数，$.ajax()函数中还有很多可选参数，一般常用的可选参数如下。

（1）options 用于对 Ajax 的请求进行设置。

（2）async 用于设置是否使用异步请求，其默认值为 true。如果想要发送同步请求，则取值为 false。

（3）complete(XHR, TS)表示请求完成后的回调函数，无论请求是否成功，都会调用该函数，它的参数为 XMLHttpRequest 对象和一个描述请求类型的字符串。

（4）contentType 用于设置发送信息至服务器时内容的编码类型，其默认值为 application/x-www-form-urlencoded，在大多数情况下，都可以使用该默认值。

（5）error 表示请求失败时的回调函数，它有 XMLHttpRequest 对象、错误信息及捕获的异常对象 3 个函数。

（6）type 用于设置请求方式，默认值为 GET，还可以设置为 POST。如果想要设置为 PUT 和 DELETE 也可以使用，则仅有部分浏览器支持。

2. $.get()函数

$.get()函数用于向远程服务器发送 GET 请求。$.get()函数可以看作$.ajax()函数的简化版。使用$.get()函数提交 GET 请求的代码如下：

```
$.get(
  URL,
  {"name":value},
  function(result){
    $("#div1").html(result);
  }
);
```

在上述代码中，$.get()函数的第一个参数 URL 表示请求发送的 URL，第二个参数是需要发送到服务器的数据；第三个参数 function 表示请求成功后的回调函数，其中，第一个参数 URL 是必选参数，其他参数都是可选的。

3. $.post()函数

$.post()函数用于向远程服务器发送 POST 请求。$.post()函数可以看作$.ajax()函数的简化版。使用$.post()函数提交 POST 请求的代码如下：

```
$.post(
    URL,
    {"name":value},
    function(result){
        $("#div1").html(result);
    }
);
```

在上述代码中，$.post()函数的第一个参数表示请求发送的 URL，第二个参数是需要发送到服务器的数据；第三个参数 function 表示请求成功后的回调函数，其中，第一个参数 URL 是必选参数，其他参数都是可选的。

在上述代码中，$.post()函数相当于一个简写的$.ajax()函数，如果修改为$.ajax()函数，则代码如下：

```
$.ajax({
  type: 'POST',
  url: url,
  data: data,
  success: success
});
```

三、HTTP 基础知识

HTTP（Hyper Text Transfer Protocol，超文本传输协议）是一个简单的请求——响应协议，通常运行在 TCP 协议之上。可以简单将它理解为一个发送请求和获得响应的协议。目前，大多数网站使用的请求协议都是 HTTP。

HTTP 属于应用层协议，是为了实现某一类具体应用的协议，并由某一运行在用户空间的应用程序来实现其功能。HTTP 是一种协议规范，这种规范记录在文档上，为真正通过 HTTP 协议进行通信的 HTTP 实现程序。

HTTP 是基于客户端/服务器模式，且面向连接的。用户在打开浏览器输入 URL 后，URL 就是通过 HTTP 协议将请求发送到服务器端的，服务器端接收到该请求后，会做出处理并将处理结果响应给浏览器，浏览器将显示响应结果，以供用户浏览。

实施准备

请学生使用 HBuilder X 工具创建 Web 项目，并且在该项目根目录下创建 HTML 文件，在其中引入 jQuery 库，为实现商城注册页的数据交互功能做准备。

任务实施与分析

商城注册页的数据交互功能的实现需要依赖 jQuery 提供的 Ajax 函数,因此应该先在 HTML 文件中导入 jQuery 依赖库,再使用 jQuery 提供的函数将表单中的用户数据提交到后台服务器,具体步骤如下。

步骤 1:导入 jQuery 依赖库。

在 HTML 页面中导入 jQuery 依赖库,代码如下:

```
<script src="js/jquery.min.js" type="text/javascript"></script>
```

步骤 2:绑定提交事件。

为"提交"按钮绑定单击事件,代码如下:

```
$("#submit").click(function(){          //为"提交"按钮绑定单击事件
});
```

步骤 3:获取表单输入项。

获取表单中用户输入的内容,代码如下:

```
var name =$("#username").val();         //获取文本框中 username 的值
var password=$("#password").val();      //获取文本框中 password 的值
```

步骤 4:提交数据。

使用$.post()函数提交数据,代码如下:

```
$.post(                                 //使用$.post()函数提交数据
    url,                                //发送到服务器的地址
    {"username":name,"password":password},//发送到服务器的参数列表
    function(result){                   //回调函数
      console.log("提交成功")            //执行完 function()函数后要执行的操作
    },
    "json"                              //设置从服务器返回的数据类型
);
```

在上述代码中,$.post()函数用于将用户数据提交到服务器中,url 表示发送到服务器的地址;{"username":name,"password":password}表示发送到服务器的数据;function 定义的函数是回调函数,在数据成功提交到服务器后执行该函数中定义的内容;json 用于设置从服务器返回的数据类型。

将数据发送到服务器的完整代码如下:

```
$("#submit").click(function(){          //为"提交"按钮绑定单击事件
    var name =$("#username").val();     //获取文本框中 username 的值
    var password=$("#password").val();  //获取文本框中 password 的值
    $.post(                             //使用$.post()函数提交数据
        url,                            //发送到服务器的地址
        {"username":name,"password":password},//发送到服务器的参数列表
```

```
            function(result){              //回调函数
              console.log("提交成功")      //执行完 function()函数后要执行的操作
            },
            "json"                         //设置从服务器返回的数据类型
        );
    });
```

拓展知识

要使用原生 Ajax 发送请求，需要先创建 XMLHttpRequest 对象和初始化请求，其整体流程如下。

（1）创建 XMLHttpRequest 对象。

实例化一个 XMLHttpRequest 对象，代码如下：

```
var xmlhttp =new XMLHttpRequest();
document.write(xmlhttp);
```

（2）设置响应函数。

XMLHttpRequest 对象的作用是和服务器进行交互，因此请求完成后，可以接收到服务器的响应，当服务器返回响应数据时，就需要设置一个函数来处理这些数据，代码如下：

```
xmlhttp.onreadystatechange=checkResult
```

通过上述代码，可以将服务器返回的响应数据交给 checkResult()函数进行处理。

（3）初始化请求，设置要请求的方式、地址等。

创建好 XMLHttpRequest 对象后，就可以使用 XMLHttpRequest 对象中的 open()函数来初始化一个请求，代码如下：

```
xmlhttp.open("GET",URL,true);
```

（4）发送请求。

初始化请求以后，就可以调用 XMLHttpRequest 对象的 send()函数，将请求发送到服务器，代码如下：

```
xmlhttp.send(null);
```

send()函数中的参数 null 表示没有参数，因为请求的方式是 GET，所以请求的参数会放在 URL 中，只有在使用 POST 方式请求时，才会使用 send()函数传递参数。

（5）首先调用响应函数，判断请求是否成功，然后获取响应数据。

在前面的步骤中，"onreadystatechange=checkResult" 设置了使用 checkResult()函数来处理响应结果。checkResult()函数的具体代码如下：

```
function checkResult(){
  if (xmlhttp.readyState==4 && xmlhttp.status==200)
    document.getElementById('checkResult').innerHTML=xmlhttp.responseText;
}
```

项目2　实现商城注册页的交互功能

如果 readyState 的属性值等于 4 并且 status 的属性值等于 200，则表示请求和响应都已经完成，此时可以使用 responseText 将字符串形式的响应数据渲染到页面中。

思考与总结

请学生认真学习本任务内容，仔细思考后回答以下问题。
jQuery 中提供的 Ajax 函数一共有几种？分别是什么？

_____
_____
_____

能力提升

请学生根据本任务学习内容，完成以下任务。
（1）编写 JavaScript 脚本，使用 jQuery 的 $.get() 函数将数据发送到服务器。
（2）编写 JavaScript 脚本，使用原生 Ajax 将数据发送到服务器。

任务训练

请学生根据本任务学习内容，创建 Web 项目，练习使用 jQuery 提供的几种 Ajax 函数将数据发送到服务器。

任务单 2-1

班级		学号		姓名	
实训 3	实现商城注册页的信息验证功能				
实训目的	练习使用 validation 插件验证表单				
实训过程	（1）创建一个 Web 项目，在项目根目录下创建 login.html 文件，在其中完成"用户名"文本框、"密码"文本框、"我已阅读并同意《用户隐私协议》"复选框、"立即登录"按钮的页面元素实现与样式设置。 浏览器运行结果截图：				

77

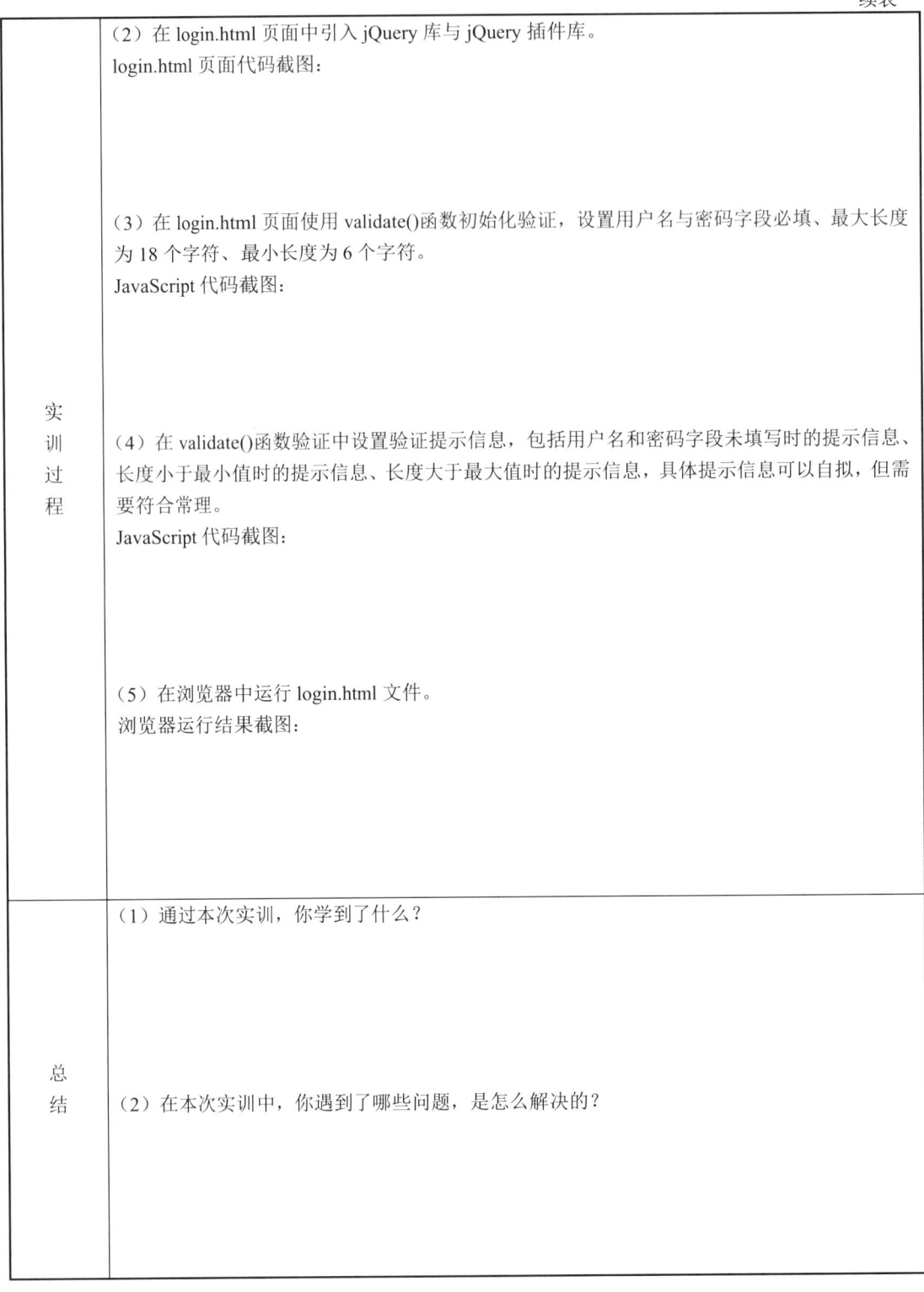

续表

实训过程	（2）在 login.html 页面中引入 jQuery 库与 jQuery 插件库。 login.html 页面代码截图： （3）在 login.html 页面使用 validate()函数初始化验证，设置用户名与密码字段必填、最大长度为 18 个字符、最小长度为 6 个字符。 JavaScript 代码截图： （4）在 validate()函数验证中设置验证提示信息，包括用户名和密码字段未填写时的提示信息、长度小于最小值时的提示信息、长度大于最大值时的提示信息，具体提示信息可以自拟，但需要符合常理。 JavaScript 代码截图： （5）在浏览器中运行 login.html 文件。 浏览器运行结果截图：
总结	（1）通过本次实训，你学到了什么？ （2）在本次实训中，你遇到了哪些问题，是怎么解决的？

任务单 2-2

班级		学号		姓名	
实训 4	实现商城注册页的数据交互功能				
实训目的	练习使用 Ajax 提交数据				
实训过程	（1）创建一个 login.html 页面，在页面中创建用户名输入元素、密码输入元素、"普通"按钮元素，并为该按钮元素绑定单击事件。 login.html 页面代码截图： （2）在 login.html 页面中"普通"按钮的单击事件函数中获取用户名和密码输入的值。 JavaScript 代码截图： （3）使用 $post() 函数将用户名和密码数据提交到服务器。 JavaScript 代码截图：				
总结	（1）通过本次实训，你学到了什么？ （2）在本次实训中，你遇到了哪些问题，是怎么解决的？				

项目 3

实现商城首页的交互功能

项目 3 数字资源

项目背景

电子商务网站的首页一般都是该网站的门户页面,按照电子商务网站的设计思想,首页应该展示网站中的热门活动广告、推荐商品、秒杀商品等。用户在电子商务网站首页,可以查看到轮播的海报图、实时滚动的优惠商品或优惠活动,而开发人员要实现首页的这些交互功能,就需要完成商城首页轮播图交互实现、商品推荐列表的动态数据加载、秒杀专区的商品秒杀活动设计等功能的开发。

学习内容

本项目的主要目的是学习电子商务网站中首页的交互功能,具体学习内容如下。
(1)实现商城首页轮播图的交互功能。
(2)实现商品推荐列表的交互功能。
(3)实现商品秒杀的交互功能。

学习目标

知识目标

(1)理解浏览器环境下的事件循环机制。
(2)认识 JavaScript 的内置对象和定时器。
(3)区分静态加载与动态加载的差异。
(4)了解动态加载 JavaScript 脚本的方法。
(5)理解秒杀活动的实现原理。
(6)掌握秒杀系统需要解决的常见问题。

技能目标

（1）能够熟练地使用 JavaScript 的内置对象完成商城首页交互功能的相关开发任务。

（2）能够熟练地使用 JavaScript 定时器完成商城首页轮播图的交互功能。

（3）能够动态加载 JavaScript 脚本完成商城首页交互功能的相关开发任务。

素养目标

（1）培养学生的项目管理能力，使其在实际项目开发中，能够合理拆分和分配项目中的功能任务模块。

（2）培养学生规范意识，使其在实际项目开发中，能够规范编写脚本。

任务 1　实现商城首页轮播图的交互功能

预备知识

一、事件循环

1. 事件循环的概念

通过对 JavaScript 的学习，了解到 JavaScript 的代码执行是单线程的，这就意味着 JavaScript 程序在同一时间内只能做一件事情。但是如果当前执行的任务比较耗时，则当前的线程就会被阻塞，当线程被阻塞时，用户就会陷入等待的阶段，这显然会降低用户体验度。而在实际的网站使用中，用户却很少遇到因线程阻塞而等待的问题。为了解决单线程运行阻塞问题，JavaScript 用到了计算机系统的一种运行机制——事件循环（Event Loop）。

名词解释

> 循环事件是指主线程重复从消息队列中获取信息、执行的过程。
>
> 消息队列是指一个先进先出的队列，在这个队列中可以存在各种消息。

2. 浏览器环境下的事件循环机制

在浏览器的环境下，大多数浏览器都是多进程的，每当用户打开一个新的标签页，浏览器就会开启一个新的进程，而 JavaScript 代码只是执行在这个进程中的一个线程。

在 JavaScript 执行任务时，主线程同一时间内只能完成一个任务，会按照先后顺序来处理这些任务，这就是 JavaScript 执行同步事件的过程。浏览器在按照时序执行 JavaScript 任务的同时，还需要执行一些没有时序关联的 JavaScript 任务，随机或断断续续处理一些任务，这便是异步事件，如定时器。

实际上，JavaScript 在执行定时器或某些耗时较久的异步任务时，JavaScript 引擎并不会一直等待其返回结果，而是将该任务交给当前进程中的其他线程执行，JavaScript 引擎只需要在适当的时候执行该任务的回调即可。例如，在 JavaScript 同步任务中加入定时器，会先执行同步任务，再执行定时器函数的回调，代码如下：

```
setTimeout(() => {
  console.log(2);
}, 0);
console.log(1);
```

执行上述代码，会在控制台中输出"1"和"2"，如图 3-1 所示，这是因为当 JavaScript 执行到异步任务时，会将其交给浏览器进程执行，自身接着执行同步任务，直到同步任务队列执行完，在此期间，浏览器进程会完成异步任务的执行，将异步任务的回调函数放入 JavaScript 的主任务队列中执行。

图 3-1 控制台输出结果

二、内置对象

JavaScript 默认提供了多个内置对象，如 Array 对象、Math 对象、Date 对象等，其具体语法格式与常用函数如下。

1. Array 对象

Array 对象用于构造数组对象，数组是一系列值的有序集合。Array 对象除了可以用于定义数组，还提供了各种操作数组的函数。在 JavaScript 中创建 Array 对象的语法格式如下：

```
var arr = new Array(values);
```

或

```
var arr = Array(values);
```

使用上述两种方式均可以创建 Array 对象，参数 values 是数组中各个元素的列表，多个元素之间使用","分隔。

注意：使用 new Array() 函数创建数组时，如果只提供了一个数值参数，则这个数值将用于表示数组的初始长度，数组允许的最大长度为 $2^{32}-1$，即 4294967295。

除了使用 new Array() 函数与 Array() 函数来创建数组，还可以直接使用"[]"创建数组，"[]"中可以设置数组中的各个元素，每个元素之间使用","分隔，使用"[]"创建数组的语法格式如下：

```
var arr= [ "元素1", "元素2", "元素3" ];
```

Array 对象有很多函数,有些功能相似容易混淆。表 3-1 列出了 Array 对象的常用函数。

表 3-1 Array 对象的常用函数

函数	描述
concat()	拼接两个或多个数组,并返回结果
copyWithin()	从数组的指定位置将元素复制到数组的另一个指定位置中
entries()	返回数组的可迭代对象
every()	检测数值元素的每个元素是否都符合条件
fill()	使用一个固定值来填充数组
filter()	检测数值元素,并返回符合条件的所有元素的数组
find()	返回符合传入函数条件的数组元素
findIndex()	返回符合传入函数条件的数组元素索引
forEach()	数组中的每个元素都执行一次回调函数
from()	通过给定的对象创建一个数组
includes()	判断一个数组是否包含一个指定的值
indexOf()	搜索数组中的元素,并返回它所在的位置
isArray()	判断对象是否为数组
join()	把数组的所有元素放入一个字符串
keys()	返回数组的可迭代对象,包含原始数组的键(key)
lastIndexOf()	搜索数组中的元素,并返回它最后出现的位置
map()	通过指定函数处理数组的每个元素,并返回处理后的数组
pop()	删除数组的最后一个元素并返回删除的元素
push()	向数组的末尾添加一个或多个元素,并返回数组的长度
reduce()	累加(从左到右)数组中的所有元素,并返回结果
reduceRight()	累加(从右到左)数组中的所有元素,并返回结果
reverse()	反转数组中元素的顺序
shift()	删除并返回数组的第一个元素
slice()	截取数组的一部分,并返回这个新的数组
some()	检测数组中是否有元素符合指定条件
sort()	对数组的元素进行排序
splice()	在数组中添加或删除元素
toString()	把数组转换为字符串,并返回结果
unshift()	在数组的开头添加一个或多个元素,并返回新数组的长度
valueOf()	返回数组对象的原始值

2. Math 对象

JavaScript 中的 Math 对象是一个内置对象,它拥有一些在数学计算中常用的属性和函数。

Math 对象与 Array 对象不同,Math 对象没有构造函数,它的所有属性与函数都是静态的,因此无须使用 new 来调用 Math 对象,而是直接将 Math 作为对象调用即可。例如,引用圆周率的格式为 "Math.PI"。

Math 对象可以用于执行一些数学操作,其常用函数如表 3-2 所示。

表 3-2 Math 对象的常用函数

函数	描述
abs(x)	返回 x 的绝对值
acos(x)	返回 x 的反余弦值
acosh(x)	返回 x 的反双曲余弦值
asin(x)	返回 x 的反正弦值
asinh(x)	返回 x 的反双曲正弦值
atan(x)	返回 x 的反正切值
atanh(x)	返回 x 的反双曲正切值
atan2(y,x)	返回 y/x 的反正切值
cbrt(x)	返回 x 的立方根
ceil(x)	对 x 进行向上取整，即返回大于 x 的最小整数
clz32(x)	返回将 x 转换为 32 无符号整型数字的二进制形式后，开头 0 的个数
cos(x)	返回 x 的余弦值
cosh(x)	返回 x 的双曲余弦值
exp(x)	返回算术常量 e 的 x 次方，即 e^x
expm1(x)	返回 exp(x)−1 的值
floor(x)	对 x 进行向下取整，即返回小于 x 的最大整数
fround(x)	返回最接近 x 的单精度浮点数
hypot([x, [y, [⋯]]])	返回所有参数平方和的平方根
imul(x, y)	将参数 x、y 分别转换为 32 位整数，并返回它们相乘后的结果
log(x)	返回 x 的自然对数
log1p(x)	返回 x 加 1 后的自然对数
log10(x)	返回 x 以 10 为底的对数
log2(x)	返回 x 以 2 为底的对数
max([x, [y, [⋯]]])	返回多个参数中的最大值
min([x, [y, [⋯]]])	返回多个参数中的最小值
pow(x,y)	返回 x 的 y 次幂
random()	返回一个 0~1 范围内的随机数
round(x)	返回 x 四舍五入后的整数
sign(x)	返回 x 的符号，即一个数是正数、负数还是 0
sin(x)	返回 x 的正弦值
sinh(x)	返回 x 的双曲正弦值
sqrt(x)	返回 x 的平方根
tan(x)	返回 x 的正切值
tanh(x)	返回 x 的双曲正切值
toSource()	返回字符串"Math"
trunc(x)	返回 x 的整数部分
valueOf()	返回 Math 对象的原始值

3. Date 对象

Date 对象用于处理与日期和时间相关的数据信息，它是基于 1970 年 1 月 1 日（世界标准时间）起的毫秒数。

在开始使用 Date 对象之前，需要先创建一个 Date 对象，Date 对象不能直接声明，必须通过 Date()函数来定义。创建 Date 对象的语法格式如下：

```
var now = new Date();
```

注意：如果调用 Date()函数时不提供参数，则会创建一个包含当前时间和日期的 Date 对象。如果提供一个数值作为参数，则会将这个参数视为一个以毫秒为单位的时间值，并返回自 1970-01-01 00:00:00 起，经过指定毫秒数的时间。如果提供一个字符串形式的日期作为参数，则会将其转换为具体的时间。日期的字符串形式有两种，分别为"YYYY/MM/dd HH:mm:ss"与"YYYY-MM-dd HH:mm:ss"。如果省略时间部分，则第一种形式返回的 Date 对象的时间为 00:00:00，第二种形式返回的 Date 对象的时间为 08:00:00（加上本地时区）。如果不省略时间部分，则在 IE 浏览器中会转换失败。

Date 对象是 JavaScript 的一种内部数据类型，该对象没有可以直接读/写的属性，所有对时间和日期的操作都需要通过执行函数来完成。表 3-3 列出了 Date 对象的常用函数。

表 3-3　Date 对象的常用函数

函数	描述
getDate()	从 Date 对象返回一个月中的某一天（1～31）
getDay()	从 Date 对象返回一周中的某一天（0～6）
getMonth()	从 Date 对象返回月份（0～11）
getFullYear()	从 Date 对象返回 4 位数字的年份
getYear()	已废弃，请使用 getFullYear()函数代替
getHours()	返回 Date 对象的小时（0～23）
getMinutes()	返回 Date 对象的分钟（0～59）
getSeconds()	返回 Date 对象的秒数（0～59）
getMilliseconds()	返回 Date 对象的毫秒数（0～999）
getTime()	返回 1970 年 1 月 1 日至今的毫秒数
getTimezoneOffset()	返回本地时间与格林威治标准时间（GMT）的分钟差
getUTCDate()	根据通用时间从 Date 对象返回一个月中的某一天（1～31）
getUTCDay()	根据通用时间从 Date 对象返回一周中的某一天（0～6）
getUTCMonth()	根据通用时间从 Date 对象返回月份（0～11）
getUTCFullYear()	根据通用时间从 Date 对象返回 4 位数字的年份
getUTCHours()	根据通用时间返回 Date 对象的小时（0～23）
getUTCMinutes()	根据通用时间返回 Date 对象的分钟（0～59）
getUTCSeconds()	根据通用时间返回 Date 对象的秒数（0～59）
getUTCMilliseconds()	根据通用时间返回 Date 对象的毫秒数（0～999）
parse()	返回 1970 年 1 月 1 日午夜到指定日期（字符串）的毫秒数
setDate()	设置 Date 对象中一个月中的某一天（1～31）
setMonth()	设置 Date 对象中的月份（0～11）
setFullYear()	设置 Date 对象中的年份（4 位数字）
setYear()	已废弃，请使用 setFullYear()函数代替
setHours()	设置 Date 对象中的小时（0～23）

续表

函数	描述
setMinutes()	设置 Date 对象中的分钟（0~59）
setSeconds()	设置 Date 对象中的秒数（0~59）
setMilliseconds()	设置 Date 对象中的毫秒数（0~999）
setTime()	以毫秒设置 Date 对象
setUTCDate()	根据通用时间设置 Date 对象中一个月中的某一天（1~31）
setUTCMonth()	根据通用时间设置 Date 对象中的月份（0~11）
setUTCFullYear()	根据通用时间设置 Date 对象中的年份（4 位数字）
setUTCHours()	根据通用时间设置 Date 对象中的小时（0~23）
setUTCMinutes()	根据通用时间设置 Date 对象中的分钟（0~59）
setUTCSeconds()	根据通用时间设置 Date 对象中的秒数（0~59）
setUTCMilliseconds()	根据通用时间设置 Date 对象中的毫秒数（0~999）
toSource()	返回该对象的源代码
toString()	把 Date 对象转换为字符串
toTimeString()	把 Date 对象的时间部分转换为字符串
toDateString()	把 Date 对象的日期部分转换为字符串
toGMTString()	已废弃，请使用 toUTCString()函数代替
toUTCString()	根据通用时间，把 Date 对象转换为字符串
toLocaleString()	根据本地时间格式，把 Date 对象转换为字符串
toLocaleTimeString()	根据本地时间格式，把 Date 对象的时间部分转换为字符串
toLocaleDateString()	根据本地时间格式，把 Date 对象的日期部分转换为字符串
UTC()	根据通用时间返回 1970 年 1 月 1 日到指定日期的毫秒数
valueOf()	返回 Date 对象的原始值

文化视窗

1969 年 8 月，贝尔实验室的程序员 Ken Thompson 开始着手创造一个全新的革命性的操作系统，他使用 B 语言在老旧的 PDP-7 机器上开发出了 UNIX。

随后，Ken Thompson 和 Dennis M Ritchie 改进了 B 语言，开发出了 C 语言，重写了 UNIX，新版本于 1971 年发布。

想要在 UNIX 上表示时间就需要定义一个能表示一份数据在某个特定时间之前已经存在的、完整的、可验证的数据。于是，UNIX 时间戳被定义出来，即通过当前时间和一个"纪元时间"进行对比，相差的秒数作为时间戳。

为了让 UNIX 时间戳表示时间这种方式用得尽可能久。在 UNIX 开发初期，基于当时的历史和技术背景，就把 UNIX 诞生的时间 1971-1-1 定义为"纪元时间"，即世界标准时间。

三、定时器

JavaScript 中的定时器可用于在经过指定的时间后执行某些代码，类似于日常生活中的闹钟。

项目3　实现商城首页的交互功能

在 JavaScript 中，开发人员可以利用定时器延迟执行某些代码，也可以在固定的时间间隔后重复执行某些代码。例如，电子商务网站中首页的 banner 轮播图，它需要在固定的时间间隔后重复地进行广告图片的切换，或者页面中的提示信息会在固定的时间间隔后隐藏。

因为定时器函数是异步任务，即与 JavaScript 主线程并列执行，所以定时器函数并不会阻塞 JavaScript 主线程。当 JavaScript 主线程的任务队列执行到异步函数时，会将其交给其他线程进行处理，而 JavaScript 主线程继续处理同步任务，直到 JavaScript 主线程空闲时，才会查看事件队列中是否有可执行的异步任务，如果有可执行的异步任务，将其加入 JavaScript 主线程任务队列中执行。

这里需要特别强调的是，由于定时器函数是异步任务，因此即使将定时器的触发时间设置为 0，定时器函数也会晚于同步任务执行。

在 JavaScript 中，可以实现定时器效果的函数有 setTimeout() 和 setInterval()。

1. setTimeout()函数

setTimeout()函数会在指定的时间后执行某些代码，而且只会执行一次代码。setTimeout()函数会在指定的毫秒数后调用函数或计算表达式，其语法格式如下：

```
setTimeout(function,millisec,arg1,arg2,…);
```

在上述语法中，function 表示一个函数，这里通常使用匿名函数，函数中定义了定时器中要执行的代码；millisec 是可选参数，表示定时器在执行其中代码之前需要等待的时间，单位为毫秒（1 秒 = 1000 毫秒），如果省略此参数，则表示立即执行；arg1 与 arg2 是要传递给函数的参数。

setTimeout()函数中也可以直接执行代码，其语法格式如下：

```
setTimeout(code,millisec);
```

在上述语法中，code 表示定时器中需要执行的代码。

2. setInterval()函数

setInterval()函数会按照指定的周期重复执行某些代码，定时器不会自动停止，除非调用 clearInterval()函数来手动停止，或者关闭浏览器。setInterval()函数可以定义一个能够重复执行的定时器，每次执行需要等待指定的时间间隔，其语法格式如下：

```
setInterval(function,millisec,arg1,arg2,…);
```

setInterval()函数中的参数用法与 setTimeout()函数中的参数用法相同；与 setTimeout()函数一样，setInterval()函数中也可以直接执行代码，而不用调用其他函数，其语法格式如下：

```
setInterval(code,millisec);
```

使用 setInterval()函数时需要注意，使用该函数定义的定时器不会自动停止，除非调用 clearInterval()函数来手动停止，或者关闭浏览器，否则这个定时器会一直执行下去。

实施准备

请学生使用 HBuilder X 工具创建一个空白项目,在该项目中创建 HTML 文件、导入轮播图使用的图片文件、完成轮播图页面结构及样式设置、准备轮播图模拟数据文件,为商城首页轮播图交互功能的实现做准备。轮播图的页面结构代码如下:

```html
<div class="container">
    <div class="wrap">
    </div>
    <div class="buttons">
    </div>
    <a href="javascript:;" class="arrow_left">&lt;</a>
    <a href="javascript:;" class="arrow_right">&gt;</a>
</div>
```

轮播图页面的样式设置代码如下:

```css
.container {
  width: 1000px;
  height: 400px;
  overflow: hidden;
  position: relative;
  margin:100px auto 0 auto;
}
.wrap {
  position: absolute;
  z-index: 1;
  width: 3000px;
  height: 400px;
}
.container .wrap img {
  float: left;
  width: 1000px;
  height: 400px;
 }
.container .buttons {
  position: absolute;
  right: 450px;
  bottom:20px;
  width: 100px;
  height: 10px;
  z-index: 2;
```

```css
}
.container .buttons span {
  margin-left: 5px;
  display: inline-block;
  width: 20px;
  height: 20px;
  border-radius: 50%;
  background-color: green;
  text-align: center;
  color:white;
}
.container .arrow_left {
    position: absolute;
    top: 40%;
    color: green;
    padding:0px 14px;
    border-radius: 50%;
    font-size: 45px;
    z-index: 2;
    display: none;
    left: 10px;
    text-decoration: none;
    background-color:whitesmoke;
    text-align: center;
}
.container .arrow_right {
    position: absolute;
    top: 40%;
    color: green;
    padding:0px 14px;
    border-radius: 50%;
    font-size: 45px;
    z-index: 2;
    display: none;
    right: 10px;
    text-decoration: none;
    background-color:whitesmoke;
}
.container:hover .arrow_left {
  display: block;
}
```

```css
.container:hover .arrow_right {
  display: block;
}
.container .arrow_left:hover {
  background-color: rgba(0,0,0,0.2);
}
.container .buttons span.on{
  background-color: red;
}
```

轮播图模拟数据的文件代码如下：

```json
[
    {
        "id": "1",
        "src": "./img/1.jpg"
    },
    {
        "id": "2",
        "src": "./img/2.jpg"
    },
    {
        "id": "3",
        "src": "./img/3.jpg"
    },
    {
        "id": "4",
        "src": "./img/1.jpg"
    }
]
```

任务实施与分析

要实现商城首页轮播图的交互功能，需要首先获取轮播图数据，然后将轮播图渲染在页面中。当用户单击下一张图片按钮时，调整图片容器的偏移距离即可显示下一张图片；当用户单击上一张图片按钮时，调整图片容器的反向偏移距离即可。最后使用定时器调用切换图片函数实现自动轮播功能，具体步骤如下。

步骤1：定义初始变量。

定义初始变量包括定义初始图片数量变量、获取图片容器节点、获取指示点容器节点、定义拼接商品信息变量、定义指示点的变量、创建 XMLHttpRequest 对象，代码如下：

```
var size =0;                                    //定义初始图片数量变量
```

```
var wrap = document.querySelector(".wrap");         //获取图片容器节点
var buttons=document.querySelector(".buttons");     //获取指示点容器节点
var html = "";                                       //定义拼接商品信息变量
var button="";                                       //定义指示点的变量
var request = new XMLHttpRequest();                  // 创建 XMLHttpRequest 对象
```

步骤2：初始化请求。

初始化请求需要设置请求函数与路径，代码如下：

```
request.open("get", "./js/img.json");               // 设置请求函数与路径
request.send(null);
```

注意：因为没有后端接口，只是前端模拟数据，所以不能发送请求（在一般情况下，这里是需要发送请求的）。

步骤3：定义回调函数。

定义回调函数之前，需要先遍历响应的数据，再将图片渲染到页面中，代码如下：

```
request.onload = function () {           //当 XMLHttpRequest 对象获取到返回信息后执行
    if (request.status == 200) {  // 当返回状态为 200 时，表示数据获取成功
        //接收返回的数据，将其转换为 JSON 格式
        var imgData = JSON.parse(request.responseText);
        for(var i=0;i<imgData.length;i++){//循环返回的数据
            html+="<img src='"+imgData[i].src+"'></img>";//创建图片数据
            if(i==0){                   //将第一个指示点设置为默认选中
                button+="<span class='on'>"+(i+1)+"</span>"
            }else{                      //正常拼接指示点
                button+="<span>"+(i+1)+"</span>"
            }
        }
        wrap.innerHTML=html;            //将图片数据插入图片容器中
        buttons.innerHTML=button;       //将指示点插入图片容器中
        size=imgData.length             //获取图片数量
        //根据图片数量设置图片容器的尺寸，单张图片宽度为1000
        wrap.style.width=1000*size+"px";
    }
}
```

步骤4：创建切换下一张图片的函数。

创建 next_pic()函数，用于实现切换下一张图片的功能。在 next_pic()函数中获取第一张图片的下标，通过下标判断当前图片是否为最后一张图片。如果是最后一张图片，则设置偏移量为 0，因为最后一张图片轮播完成后需要继续轮播第一张图片；如果不是最后一张图片，则设置偏移量减少 1000px，用于控制显示下一张图片。最后设置当前图片指示点的高亮显示，取消其他指示点的高亮显示，代码如下：

```
function next_pic () {
```

```
    var newLeft = wrap.offsetLeft  //定义当前元素相对于父节点左边界的偏移像素值
    var index =newLeft/-1000;          //定义偏移量初始值，获取第一张图片的下标
    if(newLeft==(size*-1000+1000)){    //判断当前图片是否为最后一张图片
        newLeft = 0;//设置偏移量为0，最后一张图片轮播完成后继续轮播第一张图片
    }else{
        newLeft=newLeft-1000//设置偏移量减少1000px（控制显示下一张图片）
    }
    wrap.style.left = newLeft + "px"; //设置图片的偏移量，单位为px
    var dots =document.getElementsByTagName("span");//获取图片指示点节点
    dots[index].className = "";        //取消显示其他指示点的高亮样式
    index++;                           //指示点下标加1
    //判断指示点下标是否等于图片数量（下标从0开始，等于图片数量说明已完成一轮轮播）
    if(index==size){
        index=0                        //设置下标为0
    }
    dots[index].className = "on";      //根据当前下标为当前指示点添加高亮样式
}
```

步骤5：创建切换上一张图片的函数。

创建切换上一张图片的函数，其实现方式与切换下一张图片的实现方式相反，这里需要判断当前图片是否为第一张图片，代码如下：

```
function prev_pic () {
        var newLeft =wrap.offsetLeft//定义当前元素相对于父节点左边界的偏移像素值
        var index =newLeft/-1000;    //定义偏移量初始值，获取第一张图片的下标
        if(newLeft==0){              //判断当前图片是否为第一张图片
            //如果当前图片是第一张图片，则下一张图片将切换到最后一张图片继续轮播
            newLeft = size*-1000+1000;
        }else{
            newLeft=newLeft+1000     //设置当前偏移量加1000，显示上一张图片
        }
        wrap.style.left = newLeft + "px";//设置当前偏移量，单位为px
        var dots =document.getElementsByTagName("span");//获取图片指示点节点
        dots[index].className = "";//取消显示其他指示点的高亮样式
        index--;                    //指示点下标减1
        //判断指示点下标是否小于0，小于0说明已经完成本轮轮播
        if(index<0){
            index=size-1//设置下标为最大下标，将图片设置为最后一张图片继续轮播
        }
        dots[index].className = "on";//为当前指示点添加高亮样式
}
```

步骤6：为按钮绑定函数。

获取翻页按钮节点，为其绑定切换上一张图片或下一张图片的函数，代码如下：

```
var next = document.querySelector(".arrow_right");//获取翻页按钮节点
var prev = document.querySelector(".arrow_left");//获取翻页按钮节点
//单击下一张图片时绑定的单击事件
next.onclick = function () {
 next_pic();//调用next_pic()函数
}
//单击上一张图片按钮时绑定的单击事件
prev.onclick = function () {
 prev_pic();//调用prev_pic()函数
}
```

步骤7：实现图片自动轮播功能。

创建定时器，每3秒调用一次切换图片的函数来实现自动轮播功能，代码如下：

```
var timer =setInterval(function(){
    next_pic();
},3000)
```

步骤8：运行浏览器。

在浏览器中运行上述代码，轮播图效果如图3-2所示。

图3-2 轮播图效果

德育课堂

　　开发人员在编写JavaScript脚本时，应该遵循程序编码的规范，注意代码的正确性、稳定性、可读性，要避免使用不易理解的数字、没有意义的标识来替代，不要使用难懂的、技巧性很高的语句，源程序中关系较为紧密的代码应该尽可能相邻。

　　setTimeout()和setInterval()是可以实现定时器效果的函数。当开发人员编写计时器脚本时，不要出现拼写错误、定时器应用逻辑不清楚等问题，否则写出来的代码一旦出现bug，就需要再次返工检查，极大地降低工作效率。

只有遵循事物的内在联系，才能达到预期的效果。客观存在与主观能动性的关系同样适用于其他项目开发任务。实践成效是结果，人的主观能动性是成因，严谨的工作态度、扎实的专业素养、渊博的理论知识是成功的关键。开发人员在实际项目开发中，要遵循规范，积极发挥主观能动性，高效完成人机交互的一系列设计。

拓展知识

一、JavaScript 实现 0ms 延时定时器的函数

使用 setTimeout() 函数可以创建定时器，在该函数中，通常第一个参数会使用匿名函数定义定时器中要执行的代码，第二个参数是执行等待时间。如果省略这两个参数，则会立即执行该定时器，代码如下：

```
setTimeout(function(){
    console.log(1)
})
```

在浏览器中运行上述代码，会立即在控制台中输出数字"1"。

二、node 环境下的事件循环机制

node 环境下的事件循环机制与浏览器环境下的事件循环机制不同，因为 node 是单线程的，所以事件循环会在这个主线程中进行，node 通过 libuv 维护一个事件队列和事件循环，在运行主函数后，会检查是否要进入事件循环，检查项包括其他线程里是否还有待处理事项、其他任务是否还在进行中（如计时器），如果有这些情况，则进入事件循环，并运行其他任务。node 事件循环共包括以下 6 个阶段。

（1）timers：用于处理 setTimeout() 函数和 setInterval() 函数的回调函数。

（2）pending callback：操作除了定时器的其他回调函数。

（3）idle prepare：仅供 libuv 调用。

（4）poll：轮询队列（除 timers、check 外的回调存放在这里）。

（5）check：检查阶段，执行 setImmediate() 函数的回调函数。

（6）close callbacks：关闭的回调函数，如 socket.on('close', …)。

node 事件循环的每一个循环阶段都会维护一个事件队列，执行到一个队列后，会检查该队列内是否有任务需要执行，如果有任务，则会将全部任务执行完后清空队列，如果没有任务，则进入下一个队列，直到所有的队列检查完毕，就完成了一次事件轮询。

思考与总结

通过本任务的学习，学生能够掌握实现商城首页轮播图交互功能的方法，请学生认真学习本任务内容，仔细思考后回答以下问题。

轮播图的实现原理是什么？在 JavaScript 中，使用哪个函数可以创建定时器？

能力提升

请学生根据本任务学习内容，完成以下任务。

创建一个 HTML 页面，从 JSON 文件中获取轮播图数据，在其中完成轮播图的交互功能。需要注意的是，这里要使用与浏览器等宽的通栏图片轮播。

任务训练

请学生根据本任务学习内容，练习商城首页轮播图交互功能的实现。

任务 2　实现商品推荐列表的交互功能

预备知识

一、静态加载与动态加载的区别

在 HTML 中，加载 JavaScript 脚本的方法有两种：静态加载与动态加载。

静态加载又被称为"隐式调用"，是指在 HTML 文件中直接引入 JavaScript 脚本，JavaScript 脚本中的内容同步执行。动态加载又被称为"显示调用"，是指在 HTML 文件中，脚本文件不会直接被引用到文件中，而是在文件中需要使用脚本程序时，才会动态加载脚本程序，动态加载大部分是异步执行的。在实际的项目应用中，页面中一定会用到的 JavaScript 脚本可以采用静态加载的方式，而不一定会用到的 JavaScript 脚本可以采用动态加载的方式，按需加载即可。

静态加载 JavaScript 脚本的方式相较于动态加载，在页面初始加载时所耗费时间略长。动态加载在执行某些 JavaScript 任务时才会加载 JavaScript 脚本，所以在执行某些操作时相较于静态加载会略微增加耗时。

二、动态加载 JavaScript 脚本的方法

动态加载 JavaScript 脚本就是在需要的时候再加载 JavaScript 脚本，而不是直接在页面中静态引入，动态加载 JavaScript 脚本的方法有以下两种。

1. 使用节点加载

首先准备一个 import.js 脚本文件，用于动态加载，代码如下：

```
function hello(){
    console.log("Hello JavaScript! ")
}
```

然后在 HTML 文件的<script>标签中定义代码,动态加载 import.js 脚本文件,代码如下:

```
var script =document.createElement("script");
script.src="js/import.js";
script.onload=function(){
    hello();
}
document.documentElement.firstChild.appendChild(script);
```

在上述代码中,首先创建一个 script 节点,然后设置该 script 节点的路径,确定完路径后就可以调用 import.js 脚本文件中的函数,最后将 import.js 脚本文件追加到 HTML 文档中。

2. 使用 jQuery 加载

jQuery 提供了一个 getScript()函数,该函数的功能就是检索或加载 JavaScript 脚本,代码如下:

```
jQuery.getScript("js/import.js",function(){
    hello();
})
```

在上述代码中,getScript()函数使用了两个参数,第一个参数是 JavaScript 脚本的路径;第二个参数是匿名函数,用于调用加载 JavaScript 脚本中的函数。实际上,getScript()函数在内部封装了 XMLHttpRequest 对象,这意味着使用 JavaScript 原生的 XMLHttpRequest 对象也可以动态加载脚本文件。

实施准备

请学生使用 HBuilder X 工具创建 Web 项目,并且在该项目根目录下创建 HTML 文件,完成商品推荐列表的页面结构设计、引入 jQuery 库,为商品推荐列表交互功能的实现做准备。商品推荐列表的页面结构设计代码如下:

```
<div class="content">
    <!-- 品牌专区 -->
    <h1 class="zone-title" id="f2"><span>品牌直供</span></h1>
    <section class="floor">
        <div class="advertising">
            <div>
                <img src="images/prefecture01.png" alt="">
                <div class="title">
                    <h1>品牌直供</h1>
                    <p>品质护航 购物无忧</p>
                </div>
            </div>
            <img src="images/advertising01.png" alt="">
```

```
            </div>
            <div class="product">
                <ul></ul>
            </div>
        </section>
</div>
```

任务实施与分析

商品推荐列表由广告图与商品卡片组成，商品卡片中包括商品图片、商品名称、商品价格，如图 3-3 所示。

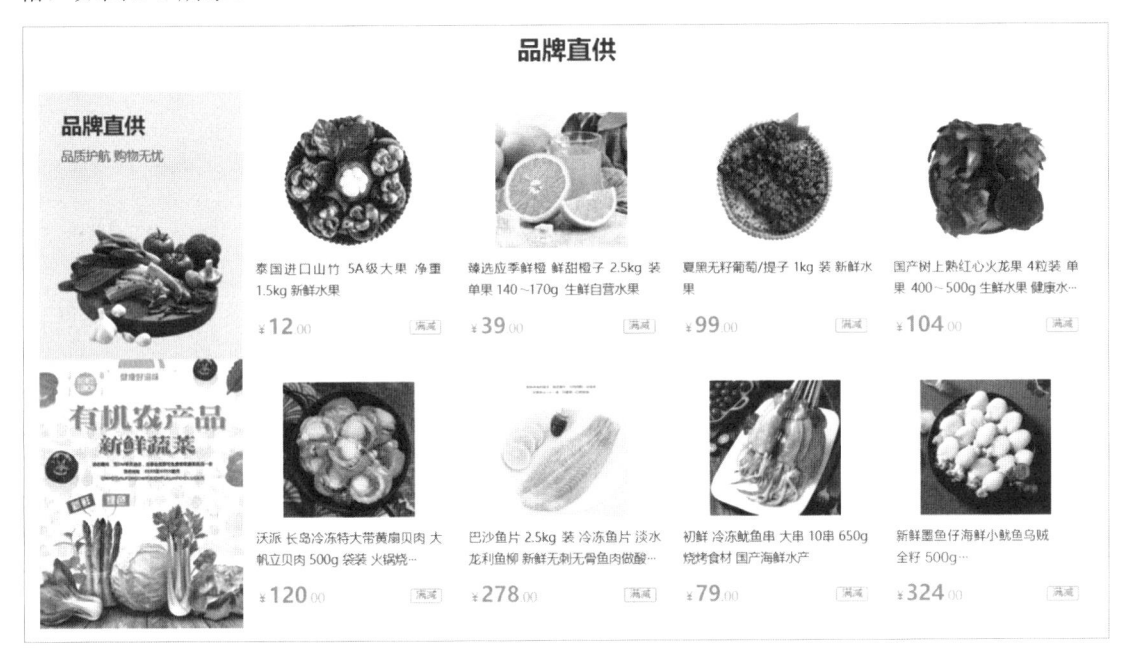

图 3-3 商品推荐列表

商品推荐列表中的商品卡片一般需要使用从服务器端获取到的数据，从而实现商品推荐列表中商品数据的动态加载。这里使用 product.json 文件来模拟服务器端返回的商品数据，将这些商品数据遍历后渲染到页面中，具体步骤如下。

步骤 1：准备商品数据。

使用 JSON 文件定义数据，来模拟服务器端接口返回的数据，代码如下：

```
[
    {
        "id": "1",
        "name":"泰国进口山竹 5A级大果 净重1.5kg 新鲜水果",
        "src": "images/commodity06.png",
        "price":"12.00"
```

```
    },
    {
        "id": "2",
        "name":"臻选应季鲜橙 鲜甜橙子 2.5kg 装 单果 140～170g 生鲜自营水果",
        "src": "images/commodity07.png",
        "price":"39.00"
    },
    {
        "id": "3",
        "name":"夏黑无籽葡萄/提子 1kg 装 新鲜水果",
        "src": "images/commodity08.png",
        "price":"99.00"
    },
    {
        "id": "4",
        "name":"国产树上熟红心火龙果 4 粒装 单果 400～500g 生鲜水果 健康水…",
        "src": "images/commodity09.png",
        "price":"104.00"
    },
    {
        "id": "5",
        "name":"沃派 长岛冷冻特大带黄扇贝肉 大帆立贝肉 500g 袋装 火锅烧…",
        "src": "images/commodity10.png",
        "price":"120.00"
    },
    {
        "id": "6",
        "name":"巴沙鱼片 2.5kg 装 冷冻鱼片 淡水龙利鱼柳 新鲜无刺无骨鱼肉做酸…",
        "src": "images/commodity11.png",
        "price":"278.00"
    },
    {
        "id": "7",
        "name":"初鲜 冷冻鱿鱼串 大串 10 串 650g 烧烤食材 国产海鲜水产",
        "src": "images/commodity12.png",
        "price":"79.00"
    },
    {
        "id": "8",
        "name":"新鲜墨鱼仔海鲜小鱿鱼乌贼全籽 500g…",
        "src": "images/commodity13.png",
```

```
            "price":"324.00"
    }
]
```

步骤 2：定义变量。

定义变量（包括获取商品容器节点、定义拼接商品信息的变量、创建 XMLHttpRequest 对象）用来发送请求，代码如下：

```
var product = document.querySelector(".product ul");    //获取商品容器节点
var html = "";                                          //定义拼接商品信息的变量
var request = new XMLHttpRequest();                     //创建 XMLHttpRequest 对象
```

步骤 3：发送请求。

设置 XMLHttpRequest 对象的请求函数与路径，因为这里没有后端接口，只是前端模拟数据，所以设置不发送请求（在一般情况下，这里是需要发送请求的），最后定义发送成功后的回调函数，代码如下：

```
request.open("get", "./js/product.json");        //设置请求函数与路径
request.send(null);
request.onload = function() { //当 XMLHttpRequest 对象获取到返回信息后执行
}
```

步骤 4：渲染数据。

判断 XMLHttpRequest 对象的返回状态，当返回状态为 200 时，表示数据获取成功，此时循环返回的数据，先将数据拼接到 HTML 元素中，再渲染到商品列表容器中，代码如下：

```
if (request.status == 200) { //当返回状态为 200 时，表示数据获取成功
    //接收返回的数据，将其转换为 JSON 格式
    var productData = JSON.parse(request.responseText);
    for (var i = 0; i < productData.length; i++) { //循环返回的数据
        html += "<li><a href='goodsdel.html' class='shopping-info'><img src='" + productData[i]
            .src + "'> <p>" + productData[i].name + "</p><div><span>¥<span class='price-int'>" + productData[i].price + "</span>.00</span><span>满减</span></div></a><a href='javascript:;' class='shopping-cart' title='加入购物车'> <img src='images/shopping_cart.png'> <span>加入购物车</span></li>"
    }
    product.innerHTML = html//将商品信息插入商品容器中
}
```

德育课堂

人们常说"细节决定成败"，这句话在脚本学习中体现得尤为明显。开发人员在编写代码时，"{ }"、"[ ]"和"( )"的应用可谓是"失之毫厘，谬以千里"。

在 JavaScript 中，"{ }"表示定义一个对象，在大部分情况下要有成对的属性和值，或是函数体；"[ ]"表示一个数组，也可以理解为一个数组对象；"( )"表示参数；当三者一起使用时，

> "{ }"表示对象,"[ ]"表示对象的属性、函数,如果"( )"用在函数名后面,则表示调用。
>
> 平凡中见伟大,细微处见精神。每个人都应从自己做起,从现在做起,从点滴做起,不管做什么都要坚持认真的态度,细节源于态度,细节体现素质,一定努力把小事做细,把细事做透,为构建民族精神大厦添砖加瓦,尽自己的力量。

拓展知识

下面介绍懒加载的原理及实现。

网页中的懒加载技术又被称为"延迟加载技术",在网页中图片较多时可以起到优化网页性能的作用,它的主要功能是减少服务器端的请求数量或延迟请求服务器端。

网站开发技术中最常使用的懒加载是针对图片的加载,它的实现原理是先将图片的 src 属性设为空,把图片的真实路径设置在自定义属性"data-"中,再监听图片是否在浏览器的可视区域中,如果图片在浏览器的可视区域中,将图片路径加载到"src"中,具体步骤如下。

步骤1:设置图片。

在 HTML 中设置图片,将图片真实路径存储在自定义属性中,代码如下:

```html
<img src="" data-original="img/demo.png">
<img src="" data-original="img/demo.png">
<img src="" data-original="img/demo.png">
```

步骤2:初始化 IntersectionObserver 实例。

IntersectionObserver 是浏览器提供的构造函数,主要用于先观察元素是否出现在浏览器的可视区域中,再判断是否能在浏览器中看到元素,如果能看到元素,则获取自定义属性中的图片地址,并添加到图片 src 属性中,最后移除对该元素的监听,代码如下:

```javascript
const observe = new IntersectionObserver(enteries=>{
    enteries.forEach((e) => {
        if (e.isIntersecting) { // 判断是否能在浏览器中看到元素
            const img = e.target;
            const imgSrc = img.getAttribute('data-original');
            img.setAttribute('src', imgSrc);
            observe.unobserve(img);
        }
    })
});
```

在上述代码中,unobserve()函数用于移除一个监听。

步骤3:添加监听。

获取页面中的图片元素,为每一张图片元素添加监听,当 img 元素发生变化时,就会触发上一步骤中的回调函数,代码如下:

```javascript
const images = document.querySelectorAll('img');
images.forEach((image) => {
    observe.observe(image);
})
```

思考与总结

请学生认真学习本任务内容，仔细思考后回答以下问题。

如何创建 XMLHttpRequest 对象，并发送请求？

_____

_____

_____

能力提升

请学生根据本任务学习内容，完成以下任务。

准备一个 JSON 文件，用于存储商品数据，使用 XMLHttpRequest 对象请求该 JSON 文件中的数据，将价格大于 10 元的所有商品渲染到页面中。

任务训练

请学生根据本任务学习内容，创建 Web 项目，练习将商品数据动态加载到页面中。

任务3　实现商品秒杀的交互功能

预备知识

"秒杀"一词最初的含义是具有压倒性优势或在极短时间内解决对手的致命一招。

随着电子商务的发展，"秒杀"一词的含义被引申为一种网上拍卖的方式，指电子商务网站中的商家发布一些超低价的商品，消费者同时在线抢购的一种销售方式。由于商品价格优惠，很多商品往往在上架的一瞬间就被抢购完，这种活动便是"秒杀活动"。为了满足电商平台上的"秒杀活动"需求，开发人员需要为其设计秒杀系统，用以支持电商平台实现秒杀活动。

在电子商务发展如火如荼的时代，无论是电子商务网站还是团购网站，随处都可见对秒杀系统的实际应用。秒杀系统完成的其实是在同一时间内涌入大量请求并同时购买一件商品最后完成交易的过程。

在实际的秒杀系统设计中，请求压力往往会体现在服务器端。前端要做的就是尽量将秒杀页面静态化，以减少服务器的压力，同时可以使用 Nginx 作为前端代理服务器，因为 Nginx 的并发性能是相对比较优秀的。另外还可以进行限流，拒绝用户短时间内的多次请求，只保留第一次请求。

实施准备

请学生使用 HBuilder X 工具创建 Web 项目,并且在该项目根目录下创建 HTML 文件、引入 jQuery 库、实现商品秒杀专区的页面结构设计,为商品秒杀的交互功能实现做准备,商品秒杀的 HTML 代码如下:

```html
<div class="container">
    <section class="wrapper">
        <!-- 秒杀专区 -->
        <div class="spike">
            <div class="content">
                <div class="spike-wrap">
                    <!-- 秒杀倒计时 -->
                    <div class="spike-left">
                        <h1>秒杀专区</h1>
                        <div>
                            <img src="images/msshike.png" alt="">
                        </div>
                        <p>14:00  场  距结束</p>
                        <p class="spike-time">
                            <span class="hours"></span><b>:</b><span class="minutes"></span><b>:</b><span
                                class="seconds"></span>
                        </p>
                    </div>
                    <!-- 秒杀专区右侧轮播 -->
                    <div class="spike-right picScroll-left">
                        <div class="bd">
                            <ul class="picList">
                                <li>
                                    <a href="JavaScript:;">
                                        <img src="images/spikepic1.png" alt="">
                                        <p class="spike-intr">现货黄油桃 桃子新鲜水…</p>
                                        <p class="price"><span>￥5.99</span><span>￥19.99</span></p>
                                    </a>
                                </li>
                                <li>
                                    <a href="JavaScript:;">
                                        <img src="images/spikepic2.png"
```

```html
                                           alt="">
                                            <p class="spike-intr">现货猕猴桃 猕猴
桃新鲜水…</p>
                                            <p class="price"><span>
￥13.99</span><span>￥26.99</span></p>
                                        </a>
                                    </li>
                                    <li>
                                        <a href="JavaScript:;">
                                            <img src="images/spikepic3.png"
alt="">
                                            <p class="spike-intr">现货草莓 草莓新
鲜水…</p>
                                            <p class="price"><span>
￥33.99</span><span>￥89.99</span></p>
                                        </a>
                                    </li>
                                    <li>
                                        <a href="JavaScript:;">
                                            <img src="images/spikepic4.png"
alt="">
                                            <p class="spike-intr">现货橙子 橙子新
鲜水…</p>
                                            <p class="price"><span>
￥12.99</span><span>￥36.99</span></p>
                                        </a>
                                    </li>
                                    <li>
                                        <a href="JavaScript:;">
                                            <img src="images/spikepic5.png"
alt="">
                                            <p class="spike-intr">现货西瓜 西瓜新
鲜水…</p>
                                            <p class="price"><span>
￥23.99</span><span>￥52.99</span></p>
                                        </a>
                                    </li>
                                </ul>
                            </div>

                            <div class="hd">
                                <a class="prev" href="javascript:void(0);"><img
src="images/left.png" alt=""></a>
```

```
                    <a class="next" href="javascript:void(0);"><img src="images/right.png" alt=""></a>
                </div>
            </div>
        </div>
    </div>
    </section>
</div>
```

任务实施与分析

商品秒杀专区的设计分为两部分,右边为参加秒杀的商品信息,左边为秒杀活动的结束倒计时,这里需要完成的交互功能就是计算商品秒杀结束时间到现在的剩余时间,并且实现倒计时功能,具体步骤如下。

步骤 1:向小于 10 的数字前面添加 0。

如果当前时间的某个值小于 10,因为数字少了一位,就会出现显示格式的问题,这时就需要在 1~9 数字的前面添加 0,代码如下:

```
function addZero(i) {
    return i < 10 ? "0" + i : i;
}
```

步骤 2:计算秒杀剩余时间。

获取当前时间,使用秒杀结束时间减去当前时间,就可以得到剩余的秒杀时间,代码如下:

```
var nowtime = new Date();                              //获取当前时间
var endtime = new Date("2022/11/19,20:00");            //秒杀结束时间
//秒杀剩余时间
var lefttime = parseInt((endtime.getTime() - nowtime.getTime()) / 1000);
```

步骤 3:格式化时间。

获取剩余秒杀时间的天数、小时、分钟、秒数,并将其格式化,代码如下:

```
var d = parseInt(lefttime / (24 * 60 * 60));     //剩余天数
var h = parseInt(lefttime / (60 * 60) % 24);     //剩余小时
var m = parseInt(lefttime / 60 % 60);            //剩余分钟
var s = parseInt(lefttime % 60);                 //剩余秒数
h = addZero(h);                                  //调用addZero()函数,格式化时间
m = addZero(m);                                  //调用addZero()函数,格式化时间
s = addZero(s);                                  //调用addZero()函数,格式化时间
```

步骤 4:渲染秒杀倒计时。

首先将秒杀剩余时间渲染到页面中,然后使用定时器,每隔一秒调用一次 setTimeout()函

数，实现秒杀倒计时效果，代码如下：

```
$(".hours").text(h);                //渲染小时
$(".minutes").text(m);              //渲染分钟
$(".seconds").text(s);              //渲染秒数
setTimeout(countDown, 1000);        //定时一秒执行一次
```

步骤5：运行浏览器。

在浏览器中运行上述代码，商品秒杀效果如图3-4所示。

图3-4　商品秒杀效果

拓展知识

一、秒杀进度交互

在某些商品秒杀活动中，不仅有秒杀活动的剩余时间倒计时，还能以进度条的方式显示秒杀商品的秒杀进度。为了快速开发这个功能，我们可以使用Bootstrap提供的进度条组件，首先引入Bootstrap的样式库、jQuery库，代码如下：

```
<link rel="stylesheet" href="js/bootstrap4.min.css" type="text/css">
<script src="js/jquery.min.js"></script>
```

然后引入Bootstrap的进度条组件，代码如下：

```
<span>商品秒杀进度：</span>
<div class="progress">
  <div class="progress-bar" role="progressbar" style="width: 85%;">85%</div>
</div>
```

在浏览器中运行上述代码，秒杀进度如图3-5所示。

图3-5　秒杀进度

当售出商品后，可以使用脚本改变进度条的进度，代码如下：

```
$(function(){
    $(".progress-bar").width("90%")
    $(".progress-bar").html("90%")
})
```

二、秒杀系统需要解决的常见问题

开发人员设计秒杀系统时，需要注意一些常见的问题，如瞬时流量大、商品超卖、系统性能等。

秒杀活动一般持续时间短、并发量大，很可能会出现在秒杀活动开始时，系统瞬间承受了比平时多几十甚至上百倍的流量而宕机。要解决这个问题可以从多方面入手，如将秒杀页面的数据静态化，可以将商品描述信息、参数等数据在第一次请求时写入缓存，用户请求时就不需要访问后端服务器而可以直接在客户端生成商品信息，这样会减少一部分服务器的压力；同时启动 Nginx 作为 Web 服务器，因为 Nginx 的并发性能优于其他 Web 服务器的并发性能。另外，也可以在前端进行初步限流，如在用户发起请求后，就禁用"提交"按钮，使其在5秒内不可重复发起请求。

> **名词解释**
>
> 宕机是指操作系统无法从一个严重系统错误中恢复过来，或者操作系统硬件出问题，以致操作系统长时间无响应，而不得不重新启动计算机的现象。

此外，秒杀系统还需要解决商品超卖的问题，假如备货只有100个，而实际却卖出了200个。造成这一问题的原因还是瞬时流量大，用户 A 在秒杀商品成功后，系统还未来得及在数据库中进行库存的削减，而用户 B 又成功秒杀了商品。数据库来不及进行库存减少操作，就会出现商品超卖的现象。在一般情况下，解决这个问题需要使用缓存数据库 Redis，缓存的数据读/写是相当快的，用户秒杀商品后，库存会在 Redis 中更新，当服务器压力减少时，Redis 会将实际数据更新到后台数据库中。

如果想要设计一个高性能的秒杀系统，则可以从以下方面考虑。

（1）秒杀页面动静分离。将秒杀页面的商品内容写入静态页面，以减少向服务器发送请求，即减少服务器压力。

（2）使用 Nginx。使用 Nginx 作为 Web 服务器，利用其强大的高并发性能将客户端请求分发到后端的集群服务器中。

（3）使用 Redis。使用 Redis 预减库存，以免出现商品超卖的现象。

（4）接口限流。使用前后端的限流手段，限制用户在短时间内只能有一次请求，以减少向服务器发送无效请求的次数。

（5）动态 URL。使用动态的 URL，以防止某些用户通过 URL 直接访问后端接口。在一般情况下，需要对秒杀 URL 进行加密，前端访问后端获取 URL，校验通过后才可以进行秒杀。

项目3 实现商城首页的交互功能

思考与总结

请学生认真学习本任务内容，仔细思考后回答以下问题。

商品秒杀倒计时功能是如何实现的？

_____

_____

_____

能力提升

请学生根据本任务学习内容，完成以下任务。

使用 JavaScript 实现手表计时功能，显示时、分、秒，每隔一秒更新一次时间（需要注意的是，当数字小于 10 时，需要在数字前面添加 0，如 08、09）。

任务训练

请学生根据本任务学习内容，创建 Web 项目，练习商品秒杀交互功能的实现。

任务单 3-1

班级		学号		姓名	
实训 5	实现商城首页轮播图的交互功能				
实训目的	练习商城首页轮播图交互功能的实现				
实训过程	（1）创建 HTML 页面，完成商城首页轮播图区域的页面结构与样式实现。 HTML 页面代码截图： （2）创建 JavaScript 脚本，定义初始图片数量变量、获取图片容器节点、获取指示点容器节点、拼接商品信息变量、添加指示点的变量、创建 XMLHttpRequest 对象。 JavaScript 代码截图：				

续表

实训过程	（3）初始化 request 请求，设置请求方式与路径。 JavaScript 代码截图： （4）发送 request 请求，在回调函数中遍历获取的数据，将图片数据渲染到页面中，实现轮播图数据的动态加载。 JavaScript 代码截图： （5）在轮播图模块中，实现用户单击"切换"按钮后切换轮播的图片，实现切换到上一张图片的功能，注意判断当前是否已经为第一张图片。 JavaScript 代码截图： （6）在轮播图模块中，实现用户单击"切换"按钮后切换轮播的图片，实现切换到下一张图片的功能，注意判断当前是否已经为最后一张图片。 JavaScript 代码截图： （7）在轮播图模块中，实现图片的自动轮播效果，每隔 3 秒切换一次图片。 JavaScript 代码截图： （8）在轮播图模块中，图片切换时，实现当前图片位置的指示点同步切换的功能。 JavaScript 代码截图：
总结	（1）通过本次实训，你学到了什么？ （2）在本次实训中，你遇到了哪些问题，是怎么解决的？

任务单 3-2

班级		学号		姓名	
实训 6	实现商品推荐列表的交互功能				
实训目的	练习商品推荐列表交互功能的实现				
实训过程	（1）创建 product.json 文件，用于模拟服务器端返回的商品数据，商品对象中包含商品 id、商品名称、商品主图、商品价格。 JSON 文件截图： （2）定义初始变量，包括获取商品容器节点、创建用来拼接商品信息的变量、创建 XMLHttpRequest 对象用来发送请求。 JavaScript 代码截图： （3）设置 XMLHttpRequest 对象的请求方法与路径，获取 JSON 文件中的商品信息数据。 JavaScript 代码截图： （4）在 XMLHttpRequest 对象的返回状态为 200 的情况下，接收服务器端返回的数据，转换为 JSON 格式，遍历并渲染到页面中。 JavaScript 代码截图：				
总结	（1）通过本次实训，你学到了什么？ （2）在本次实训中，你遇到了哪些问题，是怎么解决的？				

任务单 3-3

班级		学号		姓名	
实训 7	实现商品秒杀的交互功能				
实训目的	练习商品秒杀交互功能的实现				
实训过程	（1）创建 HTML 页面，完成商品首页秒杀活动的页面结构与样式实现。 HTML 页面代码截图： （2）在 JavaScript 脚本中，计算秒杀活动的剩余时间。 JavaScript 代码截图： （3）在秒杀活动模块中，对计算得到的秒杀活动剩余时间进行格式化，分别格式化天数、小时、分钟、秒数。 JavaScript 代码截图： （4）创建函数，实现为得到的秒杀活动剩余时间补 0 功能，当剩余时间中的一个数小于 10 时，为其前面添加 0，如 09、08 等。 JavaScript 代码截图： （5）将格式化好的秒杀活动剩余时间渲染到页面中，并在浏览器中运行及查看运行结果。 JavaScript 代码与浏览器运行结果截图：				
总结	（1）通过本次实训，你学到了什么？ （2）在本次实训中，你遇到了哪些问题，是怎么解决的？				

项目 4

实现商品列表页的交互功能

项目 4 数字资源

////////// **项目背景** //////////

在电子商务网站中,用户想要搜索任何商品都需要经过商品列表页。在商品列表页中,用户可以根据不同的筛选条件,筛选出自己需要浏览的相关商品信息,如根据商品价格排序搜索、根据商品销量排序搜索、根据商品关键词搜索等。通常由于电子商务网站中的商品数据量大,因此用户检索出的商品数据会分页显示,如每页显示 100 条商品数据,这样做有助于减少用户在加载商品数据时的等待时间。

学习内容

本项目的主要目的是学习电子商务网站中商品列表页的交互功能,具体学习内容如下。
实现商品的分类、筛选、分页功能。

学习目标

知识目标

(1)认识商品分页的作用及常见的分页形式。
(2)熟悉商品列表的筛选方式。

技能目标

能够实现商品的分类、筛选、分页功能。

素养目标

培养团队协作能力,在真实的企业项目开发模式中,能够与团队成员高效配合。

任务　实现商品的分类、筛选、分页功能

预备知识

一、分页设计

1. 商品分页功能的作用

在电子商务网站中，商品数据非常庞大。当用户搜索商品信息时，显示出来的商品列表往往会先进行分页，再进行展示。商品分页功能的作用主要体现在以下方面。

（1）减少服务器压力。

商品分页功能可以减少对服务器的单次请求压力，每展示一页数据只需要加载服务器中的少量信息即可。

（2）减少用户的等待时间。

如果使用分页功能，则当用户打开商品列表页时，会一次性获取服务器中的少量商品数据。分页加载商品数据，能够减少用户的等待时间。

（3）提升用户体验度。

使用分页功能的商品列表页，不仅可以减少用户的等待时间，还可以方便用户操作。例如，用户在第三页发现心仪商品，又在第八页发现心仪商品，可以单击页码来快速切换进行商品对比，如果不使用分页功能，用户就需要拖动滚动条找到前面的商品，由于没有清晰的定位，将会浪费用户很多不必要的时间。

2. 常见的分页形式

无论是 PC 端电子商务网站，还是移动端 App 或移动端 H5 电子商务网站，当用户搜索商品时，所展现出的商品列表都会对商品进行分页展示，PC 端电子商务网站实现分页的方式通常是在商品列表页的底部增加分页按钮，如"上一页"、"下一页"与"页码数"等按钮。移动端 App 实现分页的方式通常是在用户下拉到商品列表页底部时自动加载下一页的商品信息。

在实际项目开发中，分页的页面实现形式有很多种，如果为了快速实现分页模块的布局，则可以使用 Bootstrap 提供的分页组件，如图 4-1、图 4-2 所示。

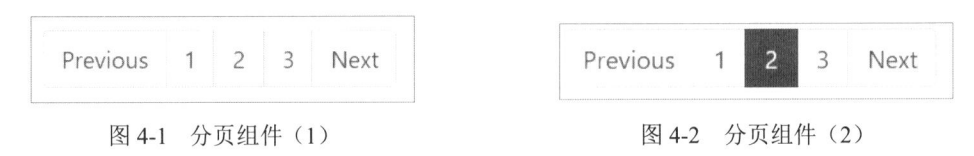

图 4-1　分页组件（1）　　　　　图 4-2　分页组件（2）

二、商品筛选方式

在商品列表页，一般可以通过多种方式对商品进行筛选，如单条件筛选和多条件筛选。

1. 单条件筛选

单条件筛选是指以单一筛选条件为依据，将此筛选条件提交到后台服务器，后台服务器根据此条件对数据库中的商品信息进行查询，最后将满足该条件的数据返回给客户端浏览器。这些筛选条件可以是商品销量、价格、信用等，筛选出来的数据也可以按照升序或降序进行排列。

2. 多条件筛选

多条件筛选是指以多个筛选条件为依据，将这些筛选条件提交到后台服务器，后台服务器根据这些条件对数据库中的商品信息进行查询，最后将同时满足这些条件的数据返回给客户端浏览器。当使用多条件筛选数据时，往往需要为后台服务器提供多个筛选条件，这些筛选条件可以是是否包邮、是否新品、是否正品保障等，如图 4-3 所示。

图 4-3 商品筛选条件

实施准备

请学生使用 HBuilder X 工具，创建一个空白项目，在该项目中创建 HTML 文件，完成商品列表页的布局结构和样式设置，为商品列表页交互功能的实现做准备。商品列表页包括商品分类模块与商品信息模块，其中，商品分类模块包括一级分类和二级分类，如图 4-4 所示。

图 4-4 商品分类模块

商品信息模块包括商品信息和底部分页，如图 4-5 所示。

图 4-5 商品信息模块

任务实施与分析

商品列表页需要实现的交互功能大致可以分为 4 个模块，分别为获取商品信息模块、商品分类模块、商品筛选模块、商品分页交互模块。

用户进入商品列表页后，需要先获取商品信息并向用户展示；当用户单击"商品分类"按钮时，会显示该分类下的商品列表；当用户单击"筛选"按钮时，会按照不同的筛选条件展示不同的数据；当用户单击"分页"按钮时，则会按照不同的页码展示不同的数据。实现商品列表页交互功能的具体步骤如下。

步骤 1：请求数据。

使用 Ajax 请求服务器端的数据，将商品类型参数传递到服务器端，代码如下：

```
var html="";
function getProducts(type){
    $.get(                          //使用Ajax的get()函数提交数据
        "js/product.json",          //发送到服务器的地址
        {"type":type},              //发送到服务器的商品类型参数
        function(result){           //回调函数
        }
    );
}
```

步骤 2：处理分页数据。

在 Ajax 请求的回调函数中遍历响应的数据，将前 12 条数据拼接到 HTML 元素中，代码如下：

```
for(var i=0;i<result.length;i++){//循环加载商品数据
```

```
        if(i<12)                   //每页显示12条数据
        html += "<ul><li><a href='goodsdel.html' class='shopping-info'><img
src='" + result[i]   .src + "'> <p>" + result[i].name + "</p><div><span>￥<span
class='price-int'>" +result[i].price +"</span>.00</span><span>满减
</span></div></a><a href='javascript:;' class='shopping-cart' title='加入购物车
'> <img src='images/shopping_cart.png'> <span>加入购物车</span></li></ul>"
    }
```

步骤3：渲染数据。

商品列表页布局结构的代码如下：

```
<div class="product">
</div>
```

首先将商品信息元素渲染到页面中，然后重置商品信息元素，以便下一次调用，代码如下：

```
$(".product").html(html);       //将商品数据插入容器中
html="";                        //将商品内容置空，以便下一次调用
```

步骤4：获取数据完整代码。

获取商品信息的完整代码如下：

```
function getProducts(type){
    $.get(                              //使用Ajax的get()函数提交数据
        "js/product.json",              //发送到服务器的地址
        {"type":type},                  //发送到服务器的商品类型参数
        function(result){               //回调函数
            for(var i=0;i<result.length;i++){//循环加载商品数据
                if(i<12)     //每页显示12条数据
                    html += "<ul><li><a href='goodsdel.html' class='shopping-
info'><img src='" + result[i]   .src + "'> <p>" + result[i].name + "</p><div><span>
￥<span class='price-int'>" +   result[i].price +"</span>.00</span><span>满减
</span></div></a><a href='javascript:;' class='shopping-cart' title='加入购物车'>
<img src='images/shopping_cart.png'> <span>加入购物车</span></li></ul>"
            }
            $(".product").html(html);   //将商品数据插入容器中
            html="";                    //将商品内容置空，以便下一次调用
        }
    );
}
```

步骤5：为商品分类绑定单击事件。

商品分类模块的HTML代码如下：

```
<div class="productclass help-center">
```

```html
        <h1 style="cursor:pointer;">所有产品分类</h1>
        <div class="productclass-list" onmouseover='overSubShow(this)' onmouseout='outHide(this)'>
          <div class="item">
            <h3>新鲜果蔬</h3>
            <ul>
              <li><a href="#">苹果/梨</a></li>
              <li><a href="#">柑橘橙柚</a></li>
              <li><a href="#">国产香蕉</a></li>
            </ul>
            <div class="menu-list">
              <ul>
                <li>
                  <div class="list_l"><a href="#">精选水果 <span></span></a></div>
                  <div class="list_r"><a href="#" title="车厘子/樱桃">车厘子/樱桃</a>
                    <a href="##" title="火龙果">火龙果</a>
                    <a href="#" title="蓝莓树莓">蓝莓树莓 </a>
                    <a href="#" title="梨">梨 </a>
                    <a href="#" title="榴梿">榴梿 </a>
                    <a href="#" title="芒果">芒果 </a>
                    <a href="#" title="瓜果">瓜果 </a>
                    <a href="#" title="苹果">苹果 </a>
                    <a href="#" title="葡萄/提子">葡萄/提子 </a>
                    <a href="#" title="奇异果/猕猴桃">奇异果/猕猴桃</a>
                    <a href="#" title="桃李杏枣">桃李杏枣</a>
                    <a href="#" title="香蕉">香蕉</a>
                    <a href="#" title="椰青">椰青</a>
                    <a href="#" title="菠萝/凤梨">菠萝/凤梨</a>
                    <a href="#" title="柑/橘/柚">柑/橘/柚</a>
                    <a href="#" title="龙眼">龙眼</a>
                    <a href="#" title="冷冻水果">冷冻水果</a>
                  </div>
                </li>
              </ul>
            </div>
          </div>
          <div class="item">
            <h3>蔬菜蛋类</h3>
            <ul>
              <li><a href="#">葱姜蒜</a></li>
```

```html
      <li><a href="#">茄果瓜类</a></li>
      <li><a href="#">根茎类</a></li>
    </ul>
    <div class="menu-list">
      <ul>
        <li>
          <div class="list_l"><a href="#">新鲜蔬菜<span></span></a></div>
          <div class="list_r">
            <a href="#" title="叶菜">叶菜 </a>
            <a href="#" title="茄果">茄果 </a>
            <a href="#" title="根茎">根茎 </a>
            <a href="#" title="菌菇">菌菇 </a>
            <a href="#" title="豆制品">豆制品 </a>
            <a href="#" title="葱姜蒜">葱姜蒜 </a>
          </div>
        </li>
        <li>
          <div class="list_l"><a href="#">蛋类<span></span></a></div>
          <div class="list_r">
            <a href="#" title="鲜鸡蛋">鲜鸡蛋 </a>
            <a href="#" title="鹌鹑蛋/鸽蛋">鹌鹑蛋/鸽蛋</a>
            <a href="#" title="咸鸭蛋/松花蛋">咸鸭蛋/松花蛋 </a>
          </div>
        </li>
      </ul>
    </div>
</div>
<div class="item">
    <h3>精选肉类</h3>
    <ul>
      <li><a href="#">猪肉</a></li>
      <li><a href="#">牛肉</a></li>
      <li><a href="#">羊肉</a></li>
      <li><a href="#">鸡肉</a></li>
    </ul>
    <div class="menu-list">
      <ul>
        <li>
          <div class="list_l"><a href="#">猪肉<span></span></a></div>
          <div class="list_r">
            <a href="#" title="家佳康鲜肉">家佳康鲜肉 </a>
```

```html
        <a href="#" title="精气神猪肉">精气神猪肉 </a>
        <a href="#" title="进口猪肉">进口猪肉 </a>
        <a href="#" title="五花肉">五花肉 </a>
        <a href="#" title="肋排">肋排 </a>
    </div>
</li>
<li>
    <div class="list_l"><a href="#">牛肉<span></span></a></div>
    <div class="list_r">
        <a href="#" title="犇福牛肉">犇福牛肉 </a>
        <a href="#" title="国产牛肉">国产牛肉 </a>
        <a href="#" title="进口牛排">进口牛排 </a>
        <a href="#" title="进口牛肉">进口牛肉 </a>
        <a href="#" title="牛腱">牛腱</a>
        <a href="#" title="牛腩">牛腩 </a>
        <a href="#" title="牛尾">牛尾</a>
        <a href="#" title="牛肉卷/片">牛肉卷/片 </a>
    </div>
</li>
<li>
    <div class="list_l">
        <a href="#">羊肉<span></span></a>
    </div>
    <div class="list_r">
        <a href="#" title="精选羊肉">精选羊肉 </a>
        <a href="#" title="羊腿/羊肋排">羊腿/羊肋排 </a>
        <a href="#" title="羊蝎子">羊蝎子
        </a>
        <a href="#" title="羊肉块">羊肉块 </a>
        <a href="#" title="羊肉片/卷">羊肉片/卷
        </a>
        <a href="#" title="羊肉串">羊肉串
        </a>
        <a href="#" title="盐池滩羊">盐池滩羊 </a>
    </div>
</li>
<li>
    <div class="list_l">
        <a href="#">鸡肉<span></span></a>
    </div>
    <div class="list_r">
```

```html
          <a href="#" title="泰森鸡肉">泰森鸡肉 </a>
          <a href="#" title="龙鑫上树鸡">龙鑫上树鸡 </a>
          <a href="#" title="鸡翅中">鸡翅中
          </a>
          <a href="#" title="鸡腿">鸡腿 </a>
          <a href="#" title="鸡胸肉">鸡胸肉
          </a>
          <a href="#" title="整鸡">整鸡 </a>
          <a href="#" title="整鸭">整鸭</a>
        </div>
      </li>
    </ul>
  </div>
</div>
<div class="item">
  <h3>海鲜水产</h3>
  <ul>
    <li><a href="#">鱼类</a></li>
    <li><a href="#">虾类</a></li>
    <li><a href="#">蟹类</a></li>
    <li><a href="#">贝类</a></li>
  </ul>
  <div class="menu-list">
    <ul>
      <li>
        <div class="list_l"><a href="#">鱼类<span></span></a></div>
        <div class="list_r">
          <a href="#" title="带鱼">带鱼 </a>
          <a href="#" title="黄花鱼">黄花鱼</a>
          <a href="#" title="鲳鱼">鲳鱼 </a>
          <a href="#" title="鳕鱼">鳕鱼</a>
          <a href="#" title="三文鱼">三文鱼 </a>
          <a href="#" title="江湖/水库鱼">江湖/水库鱼</a>
        </div>
      </li>
      <li>
        <div class="list_l"><a href="#">虾类<span></span></a></div>
        <div class="list_r">
          <a href="#" title="白虾">白虾 </a>
          <a href="#" title="虎虾">虎虾</a>
          <a href="#" title="红虾">红虾 </a>
```

```html
          <a href="#" title="北极虾">北极虾</a>
          <a href="#" title="龙虾">龙虾 </a>
          <a href="#" title="小龙虾">小龙虾</a>
          <a href="#" title="虾仁">虾仁 </a>
        </div>
      </li>
      <li>
        <div class="list_l"><a href="#">蟹类<span></span></a></div>
        <div class="list_r"><a href="#" title="蟹">蟹 </a></div>
      </li>
      <li>
        <div class="list_l"><a href="#">贝类<span></span></a></div>
        <div class="list_r">
          <a href="#" title="鲍鱼">鲍鱼</a>
          <a href="#" title="扇贝">扇贝 </a>
          <a href="#" title="贻贝">贻贝 </a>
          <a href="#" title="生蚝/牡蛎">生蚝/牡蛎 </a><a href="#" title="北极贝">北极贝</a>
        </div>
      </li>
    </ul>
  </div>
</div>
<div class="item">
  <h3>休闲食品</h3>
  <ul>
    <li><a href="#">营养零食</a></li>
    <li><a href="#">休闲零食</a></li>
    <li><a href="#">糖果</a></li>
  </ul>
  <div class="menu-list">
    <ul>
      <li>
        <div class="list_l"><a href="#">营养零食<span></span></a></div>
        <div class="list_r">
          <a href="#" title="果仁/果干">果仁/果干 </a>
          <a href="#" title="山楂类">山楂类 </a>
          <a href="#" title="开心果">开心果 </a>
        </div>
      </li>
      <li>
```

```html
        <div class="list_l"><a href="#">休闲零食<span></span></a></div>
        <div class="list_r">
           <a href="#" title="膨化食品">膨化食品 </a>
           <a href="#" title="果冻果泥">果冻果泥 </a>
           <a href="#" title="巧克力">巧克力 </a>
        </div>
      </li>
      <li>
        <div class="list_l"><a href="#">糖果<span></span></a></div>
        <div class="list_r">
           <a href="#" title="大白兔">大白兔</a>

        </div>
      </li>
    </ul>
  </div>
</div>
<div class="item">
  <h3>地方特产</h3>
  <ul>
    <li><a href="#">北京</a></li>
    <li><a href="#">新疆</a></li>
    <li><a href="#">陕西</a></li>
    <li><a href="#">云南</a></li>
  </ul>
  <div class="menu-list">
    <ul>
      <li>
        <div class="list_l"><a href="#">北京<span></span></a></div>
        <div class="list_r">
           <a href="#" title="北京烤鸭">北京烤鸭 </a>
           <a href="#" title="豌豆黄">豌豆黄 </a>
           <a href="#" title="驴打滚">驴打滚 </a>
        </div>
      </li>
      <li>
        <div class="list_l"><a href="#">新疆<span></span></a></div>
        <div class="list_r">
           <a href="#" title="新疆手抓饭">新疆手抓饭 </a>
           <a href="#" title="新疆拌面">新疆拌面 </a>
           <a href="#" title="大盘鸡">大盘鸡 </a>
```

```html
            <a href="#" title="烤包子">烤包子 </a>
        </div>
    </li>
    <li>
        <div class="list_l"><a href="#">陕西<span></span></a></div>
        <div class="list_r">
            <a href="#" title="肉夹馍">肉夹馍 </a>
            <a href="#" title="牛羊肉泡馍">牛羊肉泡馍 </a>
            <a href="#" title="陕西凉皮">陕西凉皮 </a>
            <a href="#" title="臊子面">臊子面 </a>
            <a href="#" title="biangbiang面">biangbiang面 </a>
            <a href="#" title="陕西饸饹">陕西饸饹 </a>
            <a href="#" title="甑糕">甑糕 </a>
        </div>
    </li>
    <li>
        <div class="list_l"><a href="#">云南<span></span></a></div>
        <div class="list_r">
            <a href="#" title="过桥米线">过桥米线 </a>
            <a href="#" title="鸡丝凉面">鸡丝凉面 </a>
        </div>
    </li>
    </ul>
  </div>
</div>
<div class="item">
    <h3>酒水茶饮</h3>
    <ul>
        <li><a href="#">饮料/水</a></li>
        <li><a href="#">冲饮品</a></li>
        <li><a href="#">礼品礼盒</a></li>
    </ul>
    <div class="menu-list">
      <ul>
        <li>
            <div class="list_l"><a href="#">饮料/水<span></span></a></div>
            <div class="list_r">
                <a href="#" title="健康果汁">健康果汁 </a>
                <a href="#" title="网红冲饮">网红冲饮 </a>
```

```html
                </div>
            </li>
            <li>
                <div class="list_l"><a href="#">冲饮品<span></span></a></div>
                <div class="list_r">
                    <a href="#" title="蜂蜜">蜂蜜 </a>
                    <a href="#" title="咖啡豆/粉">咖啡豆/粉 </a>
                    <a href="#" title="速溶咖啡/咖啡相关">速溶咖啡/咖啡相关 </a>
                </div>
            </li>
            <li>
                <div class="list_l"><a href="#">礼品礼盒<span></span></a></div>
                <div class="list_r">
                    <a href="#" title="水果礼盒">水果礼盒</a>
                    <a href="#" title="端午安康礼盒">端午安康礼盒 </a>
                </div>
            </li>
        </ul>
    </div>
  </div>
 </div>
</div>
```

为"商品分类"按钮绑定单击事件，代码如下：

```javascript
$(".list_r a").click(function(){
})
```

步骤6：根据商品分类展示相应的商品数据。

首先在商品分类单击事件中获取用户当前单击的商品分类参数，然后展示相应的数据，并渲染到页面中，代码如下：

```javascript
html="";                          //将商品内容置空，以便下一次调用
var type =$(this).html();         //获取用户当前单击的商品分类参数
if(type=="车厘子/樱桃"){
    $.get(
        "js/product.json",        //使用Ajax的get()函数提交数据
        {"type":type},            //发送到服务器的地址
        function(result){         //发送到服务器的商品类型参数
            for(var i=0;i<result.length;i++){   //循环加载商品数据
                if(result[i].type==1){          //显示分类1数据
                    html += "<ul><li><a href='goodsdel.html' class='shopping-info'><img src='" + result[i].src + "'> <p>" + result[i].name +
```

```
"</p><div><span>¥<span class='price-int'>" + result[i].price
+"</span>.00</span><span>满减</span></div></a><a href='javascript:;'
class='shopping-cart' title='加入购物车'> <img src='images/shopping_cart.png'>
<span>加入购物车</span></li></ul>"
                }
            $(".product").html(html);                //将商品数据插入容器中
        }
    );
}
```

步骤7：为商品筛选条件添加单击事件。

商品筛选条件模块的 HTML 代码如下：

```
<ul class="nav-header">
    <li class="active"><a href="#">综合排序</a></li>
    <span class="line"></span>
    <li ><a href="#">销量</a></li>
    <span class="line"></span>
    <li ><a href="#">价格</a></li>
    <span class="line"></span>
</ul>
```

为商品筛选条件添加单击事件，用来触发商品筛选功能，代码如下：

```
$(".nav-header li a").click(function(){
})
```

步骤8：为单击元素添加样式。

获取用户当前单击的筛选条件，为其增加选中样式，移除其他元素的样式，代码如下：

```
var type =$(this).html()                              //获取用户当前单击的筛选条件
$(this).parent().addClass("active")                   //为当前单击的元素增加样式
$(this).parent().siblings().removeClass("active")     //移除其他元素的样式
```

步骤9：根据不同筛选条件渲染不同数据。

判断用户单击的筛选条件，根据筛选条件渲染不同的商品数据，代码如下：

```
html="";                                //将商品内容置空，以便下一次调用
if(type=="综合排序")
    getProducts();                      //综合排序默认调用商品加载方法
if(type=="销量"){
    $.get(                              //使用 Ajax 的 get()函数提交数据
        "js/product.json",              //发送到服务器的地址
        {"type":type},                  //发送到服务器的商品类型参数
        function(result){               //回调函数
```

```
            //根据商品销量进行数据排序
            result.sort(function(a,b){return a.sales-b.sales})
                for(var i=0;i<result.length;i++){    //循环加载商品数据
                    if(i<12)                          //显示分类2数据
                        html += "<ul><li><a href='goodsdel.html' class='shopping-info'><img src='" + result[i] .src + "'> <p>" + result[i].name + "</p><div><span>￥<span class='price-int'>" + result[i].price +"</span>.00</span><span>满减</span></div></a><a href='javascript:;' class='shopping-cart' title='加入购物车'> <img src='images/shopping_cart.png'><span>加入购物车</span></li></ul>"
                }
                $(".product").html(html);             //将商品数据插入容器中
            }
        );
    }
```

步骤10：单击"上一页"按钮。

商品分页交互模块的 HTML 代码如下：

```html
<nav aria-label="page navigation example">
  <ul class="pagination ">
    <li class="page-item">
      <a class="" href="#" id="prevPage">上一页</a>
    </li>
    <li class="page-item active-page">
      <a class="page-link" href="#" >1</a>
    </li>
    <li class="page-item"><a class="page-link" href="#">2</a></li>
    <li class="page-item">
      <a class="" href="#" id="nextPage">下一页</a>
    </li>
  </ul>
</nav>
```

当用户单击"上一页"按钮时，加载第一页商品数据，代码如下：

```
$("#prevPage").click(function(){      //为"上一页"按钮绑定单击事件
    getProducts();                     //调用商品查询函数，加载商品数据
})
```

步骤11：单击"下一页"按钮。

用户单击"下一页"按钮时，加载下一页商品数据，即显示第二页的商品数据，代码如下：

```
$("#nextPage").click(function(){      //为"下一页"按钮绑定单击事件
    html="";                           //将商品内容置空，以便下一次调用
```

```
        $.get(                              //使用Ajax的get()函数提交数据
            "js/product.json",              //发送到服务器的地址
            {"pageNum":"pageNum"},          //发送到服务器的商品类型参数
            function(result){               //回调函数
                    for(var i=0;i<result.length;i++){//循环加载商品数据
                        if(i>11)            //显示第二页的商品数据
                        html += "<ul><li><a href='goodsdel.html' class='shopping-info'><img src='" + result[i] .src + "'> <p>" + result[i].name + "</p><div><span>¥<span class='price-int'>" + result[i].price +"</span>.00</span><span>满减</span></div></a><a href='javascript:;' class='shopping-cart' title='加入购物车'> <img src='images/shopping_cart.png'> <span>加入购物车</span></li></ul>"
                    }
                    $(".product").html(html);//将商品数据插入容器中
                    
            }
        );

    })
```

步骤12：单击"页码数"按钮。

获取用户单击的"页码数"按钮，根据不同的页码数显示不同页的商品数据，并为相应的"页码数"按钮添加选中样式，代码如下：

```
    $(".page-link").click(function(){
        if($(this).html()==1){
            getProducts();                  //调用商品查询函数，加载商品数据
            $(this).parent().addClass("active-page")
            $(this).parent().siblings().removeClass("active-page")
        }else{
            $(this).parent().addClass("active-page")
            $(this).parent().siblings().removeClass("active-page")
            html="";                        //将商品内容置空，以便下一次调用
            $.get(                          //使用Ajax的get()函数提交数据
                "js/product.json",//发送到服务器的地址
                {"pageNum":"pageNum"},//发送到服务器的商品类型参数
                function(result){//回调函数
                    for(var i=0;i<result.length;i++){//循环加载商品数据
                        if(i>11)//显示分类2数据
                        html += "<ul><li><a href='goodsdel.html' class='shopping-info'><img src='" + result[i].src + "'> <p>" + result[i].name + "</p><div><span>¥<span class='price-int'>" +  result[i].price + "</span>.00
```

```
</span><span>满减</span></div></a><a href='javascript:;' class='shopping-cart'
title='加入购物车'> <img src='images/shopping_cart.png'> <span>加入购物车</span>
</li></ul>"
                    }
                $(".product").html(html);//将商品数据插入容器中
                }
            );
        }
    })
```

拓展知识

本拓展知识主要介绍实现商品列表页的附加功能。

1. 自定义展示每页商品的数量

在电子商务网站中,有时会设计让用户自定义展示每页商品数量的功能。要实现这个功能,首先需要为"商品数量"按钮绑定单击事件,当用户单击该按钮时,首先获取该按钮中设定的商品数量参数,然后将商品信息以该参数的数量要求重新渲染到页面中,代码如下:

```
$("#pageSize").click(function(){
    $.get(//使用Ajax的get()函数提交数据
        "js/product.json",                        //发送到服务器的地址
        {"type":"type"},                          //发送到服务器的商品类型参数
        function(result){                         //回调函数
            for(var i=0;i<result.length;i++){     //循环加载商品数据
                if(i<$("this").html())            //设置每页商品的显示数量
                html += "<ul><li><a href='goodsdel.html'
class='shopping-info'><img src='" + result[i]  .src + "'> <p>" +
result[i].name + "</p><div><span>¥<span class='price-int'>" + result[i].price
+"</span>.00</span><span>满减</span></div></a><a href='javascript:;'
class='shopping-cart' title='加入购物车'> <img src='images/shopping_cart.png'>
<span>加入购物车</span></li></ul>"
            }
            $(".product").html(html);             //将商品数据插入容器中
        }
    );
})
```

2. 自定义页面跳转

商品列表的分页功能还可以继续扩展,当用户可以输入页码时,根据输入的页码跳转到相应的页面,如图4-6所示。

图 4-6 自定义页面跳转

要实现自定义页面跳转功能，需要首先获取用户输入的页数，然后将页数传递给服务器端，最后服务器端返回相应页数的数据，代码如下：

```
var pageNum=$("#pageNum").val();
$.get(                                          //使用Ajax的get()函数提交数据
    "js/product.json",                          //发送到服务器的地址
    {"pageNum":pageNum},                        //发送到服务器的商品类型参数
    function(result){                           //回调函数
        for(var i=0;i<result.length;i++){       //循环加载商品数据
            if(i<12)                            //设置每页商品的显示数量
            html += "<ul><li><a href='goodsdel.html' class='shopping-info'><img src='" + result[i] .src + "'> <p>" + result[i].name + "</p><div><span>¥<span class='price-int'>" +result[i].price +"</span>.00</span><span>满减</span></div></a><a href='javascript:;' class='shopping-cart' title='加入购物车'> <img src='images/shopping_cart.png'><span>加入购物车</span></li></ul>"
        }
        $(".product").html(html);               //将商品数据插入容器中
    }
);
```

思考与总结

通过本任务的学习，学生能够了解如何实现商品列表页的交互功能。请学生认真学习本任务内容，仔细思考后回答以下问题。

商品列表页需要实现哪些交互功能模块？商品分类筛选数据的原理是什么？

_____
_____
_____

能力提升

请学生根据本任务学习内容，完成以下任务。

（1）创建 HTML 页面，实现商品列表的动态加载。
（2）实现根据价格区间，筛选商品列表数据的交互功能。

> 任务训练

请学生根据本任务学习内容，练习商品列表页的交互功能实现。

任务单 4

班级		学号		姓名	
实训 8	实现商品列表页的交互功能				
实训目的	练习商品列表页交互功能的实现				
实训过程	（1）创建 HTML 页面，完成商品列表页的结构与样式实现。创建 JavaScript 脚本，动态加载商品数据，每页显示 10 条。 JavaScript 代码、浏览器实现效果截图： （2）当用户单击商品分类时，根据分类名称不同，显示相应的商品数据。 JavaScript 代码截图： （3）当用户单击商品价格、商品销量时，根据商品价格或商品销量对商品列表进行排序。 JavaScript 代码截图： （4）当用户单击"上一页"按钮时，显示上一页的商品数据。 JavaScript 代码截图：				

续表

实训过程	（5）当用户单击"下一页"时，显示下一页的商品数据。 JavaScript 代码截图： （6）当用户单击页码数时，根据页码数的不同，显示相应的商品数据。 JavaScript 代码截图：	
总结	(1) 通过本次实训，你学到了什么？ (2) 在本次实训中，你遇到了哪些问题，是怎么解决的？	

项目 5

实现商品详情页的交互功能

项目 5 数字资源

项目背景

电子商务网站的商品详情页是非常重要的一个页面,方便用户了解商品的外观细节、规格参数、评论列表等。在开发人员实现商品详情页的交互功能时,需要特别注意商品主图的放大功能、商品主副图的切换功能、商品 SKU 区的选择交互、商品评论区中评论的追加/删除/查看,以及商品详情页中的各种淡入、淡出、滚动等动画效果。

学习内容

本项目的主要目的是学习电子商务网站中商品详情页的交互功能,具体学习内容如下。
（1）实现商品主图的交互功能。
（2）实现商品 SKU 区的交互功能。
（3）实现商品评论区的交互功能。

学习目标

知识目标

（1）使用 DOM 中的函数添加、删除、替换节点。
（2）认识商品主图中的交互功能。
（3）理解商品 SKU 的概念。
（4）熟悉 JavaScript 的循环语句、事件运用的方法及运算符的使用方法。
（5）认识 jQuery 的 DOM 操作方法、动画特效使用方法。

技能目标

（1）能够熟练地使用 DOM 中的函数添加、删除、替换节点。

（2）能够熟练地在脚本中使用 JavaScript 的循环语句、事件和运算符。

（3）能够熟练地使用 jQuery 操作 DOM，并为元素添加动画效果。

素养目标

（1）引导学生了解电子商务网站中的常见功能和场景，培养以用户为主的设计思维，提高学生的产品设计能力。

（2）培养学生的创新能力，使其能在电子商务网站开发中，注重功能实现方法的多样性。

任务 1　实现商品主图的交互功能

预备知识

一、介绍商品主图的交互功能

通常在电子商务网站中，商品详情页中的商品主图需要实现的交互功能有放大商品主图和切换商品主图。

1. 放大商品主图

在电子商务网站中，商品主图具有着展示产品信息的作用。在一般情况下，当鼠标指针悬停在商品主图上时，会显示出鼠标指针区域部分图片的放大预览效果，类似于现实生活中使用放大镜后的效果。这里需要开发人员为商品主图添加鼠标指针悬停事件，将选中区域的商品主图进行放大展示，如图 5-1 所示。

图 5-1　放大商品主图

2. 切换商品主图

在一般情况下，电子商务网站中的商品主图不止一张。在商品主图的下方或周围，会有所有商品主图的缩略图,当单击某张商品主图或移入某张商品缩略图时,商品主图就会切换到该缩略图进行显示,如图 5-2 所示。

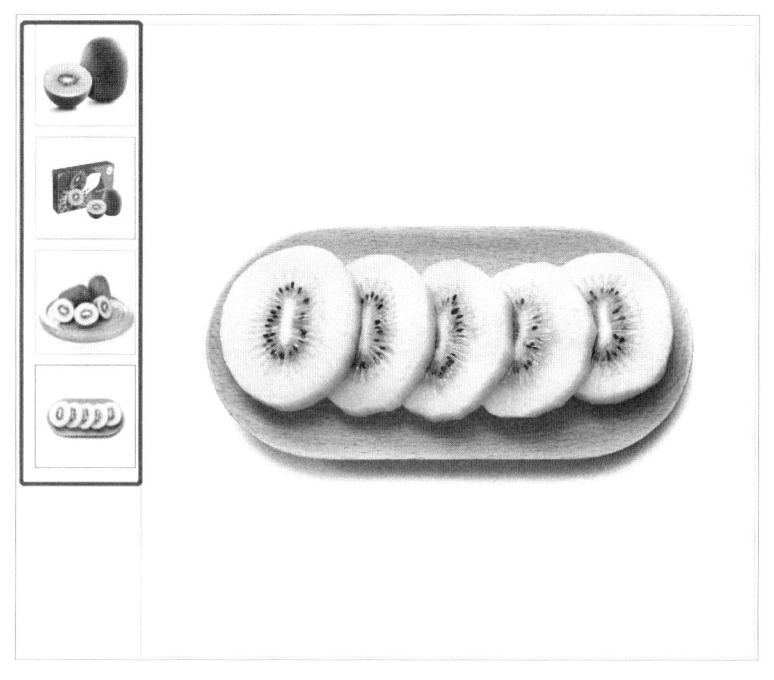

图 5-2　切换商品主图

商品主图切换效果的实现需要先对商品缩略图添加鼠标指针移入事件,当鼠标指针移入时,获取该缩略图的图片地址,再将该地址传递给商品主图,就可以在商品主图中实现商品缩略图的切换效果。

二、使用 DOM 中的函数添加、删除、替换节点

开发人员使用 DOM 可以将标记语言文档的各个组成部分封装为对象,通过这些对象,能够对标记语言文档进行 CRUD 的动态操作。

当浏览器加载一个 HTML 文档时,会创建一个 Document 对象,Document 对象是 DOM 中所有节点的根节点。开发人员通过 Document 对象可以访问 HTML 文档中的所有元素。

名词解释

> 节点(node):在 HTML 文档中,每个成分都是一个节点,包括元素、属性、内容等。
> 根节点(root node):整个 HTML 文档就是 DOM 树的顶层节点,根节点只有一个。
> (父节点)(parent node):除了根节点,并且本身下面还连接有节点的节点。
> (子节点)(child node):本身节点有其他上级节点的节点。
> (兄弟节点)(brother node):拥有共同父节点的两个节点。

HTML 中的 DOM 提供了一些基本的添加、删除或替换节点的函数。开发人员使用这些函数可以实现网页的一些动态效果。

1. 添加节点

如果想要添加元素，则可以使用 appendChild()函数实现。该函数可以用于将新创建的元素节点添加到所有兄弟节点的最后面，也可以用于将新创建的文本节点添加到元素节点中，代码如下：

```
<div id="parent">
   父 Div 的内容
  <div id="content-one">div1</div>
  <div id="content-two">div2</div>
  <div id="content-three">div3</div>
</div>
<script>
  var contentNew= document.createElement("div");
  var text = document.createTextNode("contentNew");
  contentNew.appendChild(text);
  var parent = document.getElementById("parent");
  parent.appendChild(contentNew);
</script>
```

在浏览器中运行上述代码，会在网页中显示 4 个 div，因为代码中首先创建了一个 div 元素节点与文本节点，然后将文本节点添加到 div 元素节点中，最后获取父级 parentDiv 元素节点，将刚才完成文本插入的 div 节点添加到 parentDiv 元素中，如图 5-3 所示。

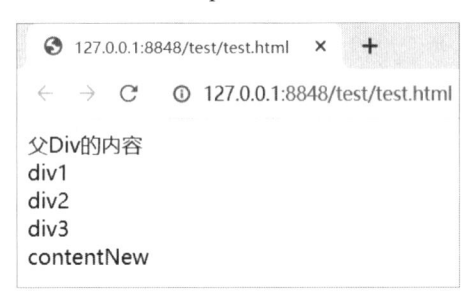

图 5-3　添加文本

在某些业务场景中，如果想要将元素添加到某个元素中的指定位置，则可以使用 insertBefore()函数实现，代码如下：

```
<div id="parent">
    父 Div 的内容
   <div id="content-one">div1</div>
   <div id="content-two">div2</div>
   <div id="content-three">div3</div>
</div>
<script>
  var contentNew= document.createElement("div");
  var text = document.createTextNode("contentNew");
```

```
  contentNew.appendChild(text);
  var parent = document.getElementById("parent");
  var contentThree = document.getElementById("content-three");
  parent.insertBefore(contentNew,contentThree);
</script>
```

在上述代码中，insertBefore()函数中的第一个参数是新创建的元素，第二个参数是要添加的位置，它会将新的元素添加到第二个参数（位置）的元素之前，如图5-4所示。

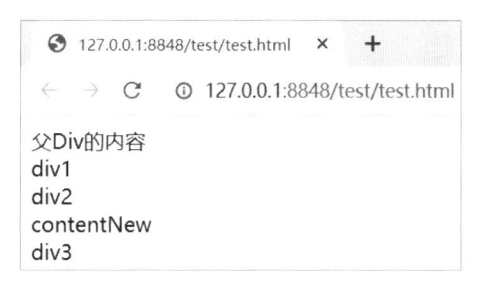

图5-4　将元素添加到指定位置

2. 删除节点

如果想要删除 HTML 中的某个元素或子元素，则可以使用 removeChild()函数实现，代码如下：

```
<div id="parent">
  父 Div 的内容
  <div id="content-one">div1</div>
  <div id="content-two">div2</div>
  <div id="content-three">div3</div>
</div>
<script>
  var parent = document.getElementById("parent");
  var contentTwo= document.getElementById("content-two");
  parent.removeChild(contentTwo);
</script>
```

在浏览器中运行上述代码，可以看到，删除了元素，如图5-5所示。

图5-5　删除元素

需要注意的是，要删除某个元素，首先需要获取该元素的父节点和删除的子节点，然后通过该元素的父节点删除该元素。

如果想要删除某个元素的属性节点，则可以使用 removeAttribute()函数实现，代码如下：

```
<a id="link" href="http://*****.com">http://*****.com</a>
<script>
  var link= document.getElementById("link");
  link.removeAttribute("href");
</script>
```

在上述代码中，首先获取了需要删除属性的元素，然后通过调用该元素的 removeAttribute()函数删除其中的"href"属性。

如果想要删除文本，则可以先通过 childNodes[0] 获取某个元素的文本，再调用 removeChild()函数进行删除，代码如下：

```
<div id="parent">
  父 Div 的内容
  div id="content-one">div1</div>
  <div id="content-two">div2</div>
  <div id="content-three">div3</div>
</div>
<script>
  var parent = document.getElementById("parent");
  var textNode = parent.childNodes[0];
  parent.removeChild(textNode);
</script>
```

在上述代码中，首先获取了 div 元素及该元素下的第一个文本，然后通过调用 removeChild()函数删除文本，删除文本后的 parentDiv 元素中只有 3 个 div 子元素，而没有原来的文本内容了，如图 5-6 所示。

图 5-6　删除文本

3. 替换节点

通过 HTML 的 DOM 操作，还可以替换 HTML 中的元素，替换 HTML 元素可以使用 replaceChild()函数实现，代码如下：

```
<div id="parent">
  父 Div 的内容
  <div id="content-one">div1</div>
  <div id="content-two">div2</div>
  <div id="content-three">div3</div>
```

```
        </div>
        <script>
          var contentNew= document.createElement("div");
          var text = document.createTextNode("contentNew");
          contentNew.appendChild(text);
          var contentThree = document.getElementById("content-three");
          var parent = document.getElementById("parent");
          parent.replaceChild(contentNew,contentThree);
        </script>
```

在上述代码中，首先创建了一个新的元素，并在其中插入文本，然后获取需要替换的元素及其父节点，最后调用父节点的 replaceChild()函数替换需要替换的元素。需要注意的是，replaceChild()函数中的第一个参数是需要保留的元素，第二个参数是需要替换的元素，如图 5-7 所示。

图 5-7　替换元素

实施准备

请学生使用 HBuilder X 工具创建一个空白项目，在该项目中创建 HTML 文件，并认真学习本任务的预备知识中的内容，为商品主图交互功能的实现做准备。

任务实施与分析

商品详情页主图部分的交互功能共有两个，第一个是商品主图的放大预览功能，第二个是商品主图的切换功能。想要实现商品主图的放大预览功能需要 3 个事件配合，第一个事件是当鼠标指针移入商品主图时，需要出现放大区域框和放大预览图；第二个事件是当鼠标指针在商品主图中移动时，放大预览图需要根据鼠标指针的移动而改变；第三个事件是当鼠标指针离开商品主图时，隐藏放大预览图和预览小框。下面介绍商品主图交互功能的实现，具体步骤如下。

步骤 1：绑定鼠标指针移入事件。

为商品主图绑定鼠标指针移入事件，当鼠标指针移入商品主图时，出现放大区域框和放大预览图，代码如下：

```
$(".showimg").mouseenter(function () {
```

```
        $(".showbox").show();           //出现放大区域框
        $(".showlarge").show();         //出现放大细节图
});
```

步骤2：绑定鼠标指针移动事件。

为商品主图绑定鼠标指针移动事件，代码如下：

```
$(".showimg").mousemove(function (e) {
});
```

步骤3：获取鼠标指针坐标。

获取鼠标指针当前对于浏览器可视区的X坐标和Y坐标，代码如下：

```
var mousex = e.clientX;         //获取鼠标指针当前对于浏览器可视区的x坐标
var mousey = e.clientY;         //获取鼠标指针当前对于浏览器可视区的y坐标
```

步骤4：获取商品主图的偏移坐标。

获取商品主图对于文档的偏移坐标，代码如下：

```
var imgx = $(".showimg").offset().left;//获取商品主图对于文档的偏移坐标
var imgy = $(".showimg").offset().top;
```

步骤5：计算小框对于商品主图元素的距离。

计算小框对于商品主图元素的距离，并用来定位，小框的 left 值是鼠标指针位移先减去商品主图元素偏移坐标再减去小框宽度的一半，使鼠标指针保持位于小框的中间状态，代码如下：

```
//计算小框对于商品主图元素的距离，并用来定位
var boxleft = mousex - imgx - $(".showbox").width() / 2;
var boxtop = mousey - imgy - $(".showbox").height() / 2;
```

步骤6：设置小框的位移。

小框位置应该随着鼠标指针移动而变化，设置小框的移动位置，代码如下：

```
$(".showbox").css({ "top": boxtop, "left": boxleft });
```

步骤7：计算小框移动的最大范围。

```
var maxtop = $(".showimg").height() - $(".showbox").height();
var maxleft = $(".showimg").width() - $(".showbox").width();
```

步骤8：判断小框的移动边界。

```
if (boxtop <= 0) {
    $(".showbox").css("top", "0");       //设置小框边界
} else if (boxtop > maxtop) {
    $(".showbox").css("top", maxtop);    //设置小框的最大高度
}
if (boxleft <= 0) {
    $(".showbox").css("left", "0");      //设置小框边界
```

```
} else if (boxleft > maxleft) {
    $(".showbox").css("left", maxleft);//设置小框最大边界
}
```

步骤9：设置放大预览图的位置偏移量。

设置放大预览图的位置偏移量，获取小框偏移量乘以放大倍数。这里需要注意的是，放大预览图的偏移量应该设置为负值，代码如下：

```
var showleft = -$(".showbox").position().left;
var showtop = -$(".showbox").position().top;
```

在上述代码中，position()函数用于返回当前元素相对于父元素的位置（偏移）。

步骤10：获取小框的偏移量。

此处获取小框偏移量不应该使用前面计算出来的boxtop和boxleft值，因为可能会超出移动的边界，代码如下：

```
$(".showlarge img").css({ "left": showleft, "top": showtop });
```

步骤11：鼠标指针离开商品主图时，隐藏预览小框和放大预览图。

当鼠标指针离开商品主图时，隐藏预览小框和放大预览图，此处使用mouseleave事件来完成，因为只有在鼠标指针离开被选元素时才会触发，而mouseout事件是鼠标指针离开被选元素和其任何子元素时都会触发，代码如下：

```
$(".showimg").mouseleave(function () {
    $(".showbox").hide();              //隐藏预览小框
    $(".showlarge").hide();            //隐藏放大预览图
});
```

商品主图的切换功能在鼠标指针移入商品主图缩略图时触发，需要设置当前缩略图的样式、清除其他缩略图的样式、将当前缩略图的 src 属性传递给商品主图和商品主图放大预览图，代码如下：

```
//当鼠标指针悬浮在不同的商品小图时，外加黄绿色边框，并且主图将其显示出来
$(".product-img img").mouseenter(function () {
    //设置边框样式
    $(".product-img img").css({ "border": "1px solid #c9c9c9" });
    //使用this获取当前鼠标指针移入的元素，设置黄绿色边框
    $(this).css({ "border": "1px solid #8ab800" });
    //获取当前鼠标指针移入元素的src属性，并将其赋值给主图元素
    var imgsrc = $(this).attr("src");
    $(".show").attr("src", imgsrc);//显示图片
    //将鼠标指针选中的图传递给放大图元素的src属性
    $(".showlarge img").attr("src", imgsrc);
});
```

拓展知识

为了展示商品的更多细节和使用情况，很多电子商务网站会在商品主图中放置商品介绍视频，而在网页中插入视频的功能可以使用<video>标签实现，代码如下：

```
<video src="video/video1.mp4"></video>
```

在浏览器中运行上述代码，发现视频虽然被插入网页中，但是还不能播放。这是因为没有为该视频播放器添加可操作的控制条，添加视频播放器的控制条需要使用<video>标签的controls属性实现，代码如下：

```
<video src="video/video1.mp4" controls></video>
```

此时在浏览器中运行上述代码，用户就可以自由控制视频的播放、暂停和进度条，如图5-8所示。

图5-8 控制视频的播放、暂停和进度条

思考与总结

通过本任务的学习，学生能够掌握实现商品主图交互功能的方法。请学生认真学习本任务内容，仔细思考后回答以下问题。

实现商品主图放大镜效果的原理是什么？

_____

_____

_____

能力提升

请学生根据本任务学习内容，完成以下任务。
（1）创建商品详情页的 HTML 文件，编写脚本实现图片的放大镜效果。
（2）在商品详情页中实现商品主图的交互功能。

任务训练

请学生根据本任务学习内容，练习实现商品主图交互功能的方法。

任务 2　实现商品 SKU 区的交互功能

预备知识

一、商品 SKU 的概念

SKU（Stock Keeping Unit，库存进出量的最基本单位）是一种商品入库后的编码归类方法，也是库存控制的最小单位，可以以规格、颜色、尺码等为单位。例如，手机类商品有不同的型号、颜色、配置，每一种属性就可以成为一个 SKU，每个商品都对应唯一的 SKU，如红色手机、玫瑰金手机等。

这里需要注意的是，不同的颜色和配置组合会形成一个新的商品，这时将产生很多 SKU，而它们的 SKU 编码是不同的。

二、商品 SKU 交互的形式

商品详情页的 SKU 区一般会出现多种用户交互形式，包括单击选择型交互、下拉选择型交互等。

1. 单击选择型交互

单击选择型交互是用户通过单击选择不同选项向浏览器提交选择申请，浏览器根据用户的单击行为返回对应的结果。例如，用户在服装商品的详情页中，需要先选择服装颜色，再选择服装尺码，而被选中的服装颜色和服装尺码会获得选中效果，其颜色或形式明显区别于其他未选中的选项。

要实现这个交互功能，需要开发人员首先将所有服装颜色和服装尺码分别定义在两个容器中，然后为所有的服装颜色和服装尺码绑定鼠标单击事件，当用户单击服装颜色或服装尺码时，获取当前单击的服装颜色和服装尺码内容，将其赋予选中效果，并且取消同容器中其他选项的选中效果，这样就可以实现用户选中某一个服装颜色或服装尺码时取消先前选中的元素效果。

2. 下拉选择型交互

下拉选择型交互是用户通过选择下拉选项向浏览器提交选择申请，浏览器根据用户的选择行为返回对应的结果。如果以下拉选择型选择 SKU，则开发人员只需要使用原生的下拉选择框来获取选中的规格。例如，水果商品详情页中只有水果的价格，这种单规格的商品就可以使用下拉选择型交互实现。

三、JSON 与数组

JSON（JavaScript Object Notation，JavaScript 对象表示法）是一种基于文本的轻量级数据交换格式。JSON 本身不提供任何函数，并且在 Web 开发领域的应用非常广泛，是一门必修的重要技术。尽管 JSON 的名称中包含 JavaScript，但它却不局限于在 JavaScript 中使用，它是独立的。目前大多数的编程语言，如 Java、PHP、Python 等都支持 JSON，或者通过第三方库得到支持。

数组是指一系列值的有序集合，它可以使用一个变量来存储很多的值。数组中的值被称为"元素"。如果想要访问数组中的这些元素，则需要通过索引来实现。索引就是数组中这些元素的数字位置。索引是从 0 开始的，依次向上递增，在 JavaScript 中创建数组的语法格式如下：

```
var arrays = [item1, item2, …];
```

实施准备

请学生使用 HBuilder X 工具创建 Web 项目，并且在该项目根目录下创建 HTML 文件。认真学习预备知识中关于 SKU 的概念和 SKU 交互设计的知识，为商品 SKU 区交互功能的实现做准备。

任务实施与分析

在电子商务网站的商品详情页中，SKU 区的参数内容都是通过请求后端服务器获取的。为了实现这一效果，这里首先需要使用 JSON 文件模拟后端服务器的响应数据，然后遍历获取的数据并渲染到网页中。用户选择具体的商品规格后，单击"加入购物车"按钮，可以将商品添加到购物车中结算，具体步骤如下。

步骤 1：页面布局。

用户在商品列表中单击某个商品进入商品详情页后，商品详情页需要显示该商品的名称、价格、规格、数量等信息，代码如下：

```
<div class="good15_intro">
    <div class="intro_name">
        <h1 id="Product_ProductDetailsName" title="新西兰阳光金奇异果 原箱
```

```html
3.3kg(22头)">新西兰阳光金奇异果 原箱 3.3kg(22头)
            </h1>
            <p>
                "巨无霸果"--甜蜜爆汁,大口吃到爽,每天一颗活力四射
            </p>
        </div>
        <div class="intro_sales">
            <div class="intro_price" id="intro_price">
                <p class="drop">促销价</p>
                <p class="price">¥379.00<span>¥399.00</span></p>
            </div>
            <div class="intro_app" id="intro_app">
                <div class="intro_app">
                    <dl>
                        <dt>
                            <a href="#"> 手机购买</a>
                        </dt>
                        <dd>
                            <p>移动下单,惊喜连连</p>
                            <img src="images/code.png" />
                            <em>扫描下载客户端</em>
                        </dd>
                    </dl>
                </div>
            </div>
            <div class="intro_gifts">
                <dl>
                    <dt>
                        <span>返券</span>购原箱迪士尼系列送周边兑换券（不包邮） 活动时间：2021.08.14 00:00:00～2021.08.31 23:59:59
                    </dt>
                    <dd></dd>
                </dl>
            </div>
        </div>
        <div class="good15_norm">
            <dl>
                <div class="gdproperty">
                    <dl>
                        <dt>粒数：</dt>
                        <dd>
```

```html
                    <ul>
                        <li>
                            <a>
                                <span>30~33粒</span>
                            </a>
                        </li>
                        <li>
                            <a>
                                <span>18粒</span></a>
                        </li>
                        <li>
                            <a class="propon">
                                <span>22粒</span></a>
                        </li>
                        <li>
                            <a>
                                <span>6粒 33#</span></a>
                        </li>
                        <li>
                            <a>
                                <span>25~27粒</span></a>
                        </li>
                        <li>
                            <a>
                                <span>12粒 33#</span></a>
                        </li>
                        <li>
                            <a>
                                <span>20粒纪念版</span></a>
                        </li>
                    </ul>
                </dd>
            </dl>
        </div>
    </dl>
</div>
<div class="good15_buy">
    <div class="bgright fl">
        <div class="number">
            <div class="left">
                <dl>
```

```html
                        <dt>
                            <input type="text" class="textgt_n" id="textgtSum" maxlength="4" value="0" readonly>
                            <a class="up" id="up" href="javascript:void(0);"></a>
                            <a class="down" id="dow" href="javascript:void(0);"></a>
                        </dt>
                        <dd>
                            <div id="AddCartDiv" class="buy_btn">
                                <a class="btn01" id="AddCart" href="javascript:void(0);"></a>
                            </div>
                        </dd>
                    </dl>
                </div>
            </div>
        </div>
        <div class="good15_today">
            <dl>
                <dt>
                    <img src="images/icons1.gif" width="25" height="23" alt="">冷链配送
                </dt>
            </dl>
            <div class="clear">
            </div>
        </div>
        <div class="good15_prompt">
            <dl>
                <dd>
                    <div>温馨提示：
                    <!-- <br>标签表示换行 -->
                        <br>1、原箱阳光金奇异果系列商品不参与会员折扣
                    </div>
                    <div>2、原包装箱外盖图片仅供参考，新旧外盖箱随机发货，请以实际收到的商品为准。</div>
                    <div>3、由于在运输配送过程中，阳光金奇异果果实之间存在摩擦会使果皮造成轻微磨损，导致果皮出现褐色斑块，但不影响果肉的食用，可放心食用哦。
                        <br>
```

```
            </div>
          </dd>
        </dl>
    </div>
</div>
```

步骤 2：定义 JSON 文件。

定义 JSON 文件，用来模拟服务器端的商品 SKU 数据，代码如下：

```
[
    {
        "id": "1",
        "name": "10 粒"
    },
    {
        "id": "2",
        "name": "20 粒"
    },
    {
        "id": "3",
        "name": "30 粒"
    },
    {
        "id": "4",
        "name": "40 粒"
    }
]
```

步骤 3：获取服务器端的数据。

首先使用 jQuery 的 Ajax 函数请求 JSON 文件的数据，然后循环该数据，拼接成 HTML 代码，最后渲染到页面中 SKU 区的指定位置，代码如下：

```
var sku="";
$.get(
    "js/sku.json",                              //发送到服务器的地址
    function(result){
        for (var i = 0; i < result.length; i++) {   //循环加载数据
            sku+="<li onclick='active(this)'><a><span>"+result[i].name+"</span></a></li>"
        }
        $(".gdproperty ul").html(sku)           //渲染数据
    }
)
```

步骤 4：实现选中效果。

实现渲染参数时定义的 active() 函数，为当前选中元素添加选中样式，并且删除其他未选中元素的样式，代码如下：

```
function active(name){
    $(name).children("a").addClass("propon")//为当前节点下的子节点添加选中样式
    //为当前节点同级元素下的子节点删除选中样式
    $(name).siblings().children("a").removeClass("propon")
}
```

步骤 5：运行浏览器。

在浏览器中运行上述代码，运行结果如图 5-9 所示。

图 5-9　浏览器运行结果

步骤 6：加入购物车。

加入购物车区域由商品价格和"加入购物车"按钮组成，代码如下：

```
<div class="dtl_btn">
    <p>¥379.00</p>
    <div class="good15_buy_btn">
        <a class="btn01" id="nav_buy_btn" href="javascript:;" hidefocus="true" style="cursor:pointer;"></a>
    </div>
</div>
```

用户在将商品添加到购物车时可以修改加入购物车的商品数量，为了避免用户使用非数字的参数，这里只允许用户使用按钮添加或减少商品数量，代码如下：

```
/**
 * 单击按钮添加商品数量
 */
$("#up").click(function(){
    $("#textgtSum").val(parseInt($("#textgtSum").val())+1)
})
```

```
/**
 * 单击按钮减少商品数量
 */
$("#dow").click(function(){
    if($("#textgtSum").val()>0){//判断边界值，商品数量不能为负数
        $("#textgtSum").val(parseInt($("#textgtSum").val())-1)
    }
})
```

用户将商品添加到购物车时需要请求后台将相应的商品ID、SKU当作参数进行传递，代码如下：

```
$.ajax({                                  //使用Ajax函数上传
    url:URL,                              //服务器端接口地址
    data: {"productId":productId,"skuId":skuId},
    type:"POST",                          //提交方式
    async: true,                          //开启异步
    cache: false,                         //在缓存中读取数据
    success:function(data){//成功回调
    },
    error:function (data) {//失败回调
    }
});
```

拓展知识

电子商务网站中的商品由于类型不同，因此SKU会有多种多样的组合方式，如手机会有颜色和配置的SKU组合方式，如图5-10所示。

图5-10　手机SKU组合

服装会有颜色和尺码的SKU组合方式，如图5-11所示。

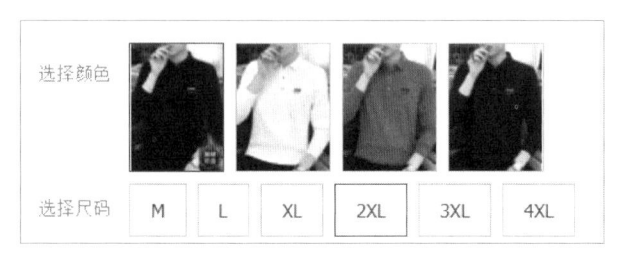

图5-11　服装SKU组合

而食品一般比较少有组合，因为食品会将口味和规格并在一起供用户选择，如图 5-12 所示。

图 5-12　食品 SKU 组合

无论是哪种商品，其 SKU 有哪种的组合方式，但是万变不离其宗，其实现原理总是相同的。以手机和服装为例，它们同时有颜色属性，但是手机具有版本属性，服装具有尺码属性，无论商品有什么属性，开发人员都可以为其绑定单击事件。当用户单击该属性时，开发人员只需要获取当前单击属性的属性值，并且将当前单击的属性设置为唯一的选中状态，取消其他属性值的选中状态即可。

无论使用 jQuery 还是使用原生 JavaScript 都可以获取到当前对象"this"下的信息，非常适合实现 SKU 的单击交互功能。

思考与总结

请学生认真学习本任务内容，仔细思考后回答以下问题。
如何循环渲染 SKU 数据？如何设置参数的单击选中效果？

_____
_____
_____

能力提升

请学生根据本任务学习内容，完成以下任务。
（1）准备一个模拟数据的 JSON 文件，编写 JavaScript 脚本，获取 JSON 文件中的数据，并渲染到页面中。
（2）根据扩展知识，准备 HTML 页面，使用 JavaScript 完成商品颜色与商品尺码的组合选择。

任务训练

请学生根据本任务学习内容，自己创建 Web 项目，练习循环渲染数据与选择商品 SKU 数据的方法。

任务 3 实现商品评论区的交互功能

预备知识

一、jQuery 的 DOM 操作

前文已经详细介绍了 DOM 的相关内容。本任务主要以商品评论区的交互为主,详细介绍 DOM 的相关操作,包括添加节点、删除节点。

1. 添加节点

append()函数用于在元素的结尾插入内容,代码如下:

```
<p>Hello jQuery! </p>
<button id="btn1">添加内容</button>
$(document).ready(function(){
  $("#btn1").click(function(){
    $("p").append("<p>Hello JavaScript! </p>");
  });
});
```

在浏览器中运行上述代码,单击"添加内容"按钮,可以在<p>元素的后面添加一个新的文本,如图 5-13 所示。

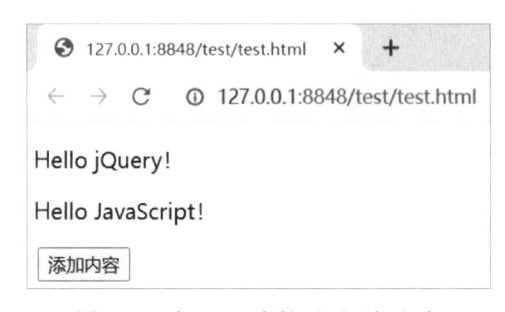

图 5-13 在<p>元素的后面添加文本

如果想要在<p>元素的前面添加一个新的文本,则可以使用 prepend()函数实现,代码如下:

```
<p>Hello jQuery! </p>
<button id="btn1">添加内容</button>
$(document).ready(function(){
  $("#btn1").click(function(){
    $("p").prepend("<p>Hello JavaScript! </p>");
  });
});
```

在浏览器中运行上述代码,单击"添加内容"按钮,可以在<p>元素的前面添加一个新的

文本，如图 5-14 所示。

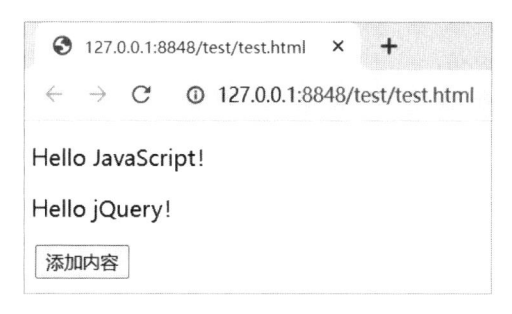

图 5-14 在<p>元素的前面添加文本

2. 删除节点

remove()函数用于删除被选择的元素，代码如下：

```
<div id="div1">
    <p>Hello jQuery! </p>
    <p>Hello JavaScript! </p>
</div>
<button>删除 div 元素</button>
$(document).ready(function(){
  $("button").click(function(){
    $("#div1").remove();
  });
});
```

在浏览器中运行上述代码。单击"删除 div 元素"按钮，即可删除所有元素，如图 5-15 所示。

图 5-15 删除元素

注意：使用 remove()函数删除元素时，会同时删除该元素的所有子元素。

二、利用 jQuery 管理页面中的元素

1. attr()函数

attr()函数用于设置或返回元素的属性值，根据所传参数不同，作用也会不同。当传递一个参数时，可以用于获取元素的属性值，代码如下：

```
<div class="div1"></div>
<button>获取 div 的 class 值</button>
```

```
$(document).ready(function(){
  $("button").click(function(){
    alert($("div").attr("class"));
  });
});
```

在浏览器中运行上述代码，单击"获取 div 的 class 值"按钮，可以获取元素的属性值，如图 5-16 所示。

图 5-16　获取元素的属性值

如果 attr()函数中携带两个参数，则可以修改该元素的属性和值，代码如下：

```
<img src="1.jpg" width="100" height="100"/>
$(document).ready(function(){
  $("img").click(function(){
    $("img").attr("width","200");
  });
});
```

在上述代码中，图片原来的大小为 100 像素×100 像素，单击图片后，可以将图片的大小修改为 200 像素×100 像素。在浏览器中运行上述代码，图片大小前后变化对比效果如图 5-7 所示。

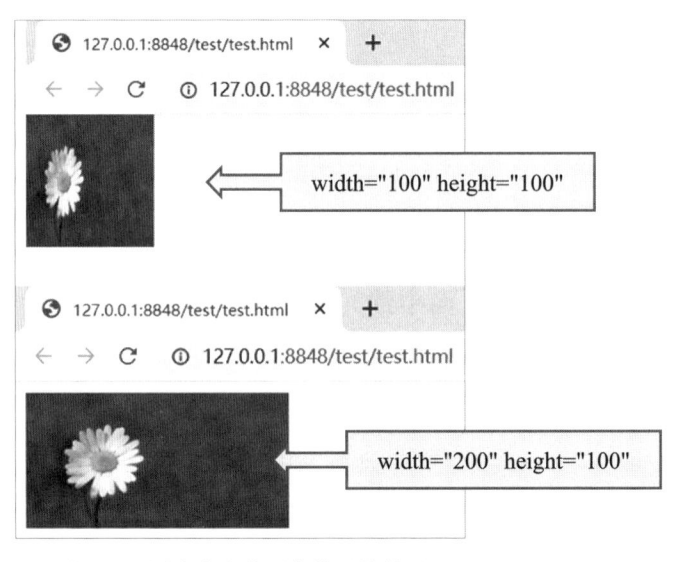

图 5-17　图片大小前后变化对比效果

如果想要设置该元素的多个属性值，则可以使用"属性:属性值"设置多个属性，各个属性之间用","隔开，代码如下：

```
<img src="1.jpg" />
$(document).ready(function(){
  $("img").click(function(){
    $("img").attr({width:"200",height:"200"});
  });
});
```

当设置多个属性时需要注意的是，属性值要使用"""括起来；各个属性、值之间用","隔开。

2. html()函数

html()函数用于获取或设置元素的内容，类似于 DOM 中的 innerHTML 属性。在使用该函数时，如果不传入参数，则会获取元素的内容，代码如下：

```
<div>
    <p>Hello jQuery! </p>
    <p>Hello JavaScript! </p>
</div>
$(document).ready(function(){
  alert($("div").html());
});
```

在浏览器中运行上述代码，可以看到，获取元素的内容如图 5-18 所示。

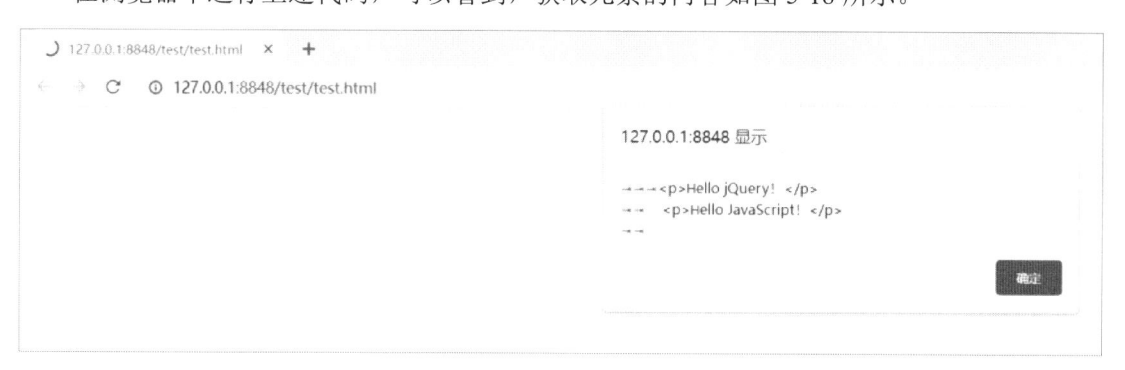

图 5-18　获取元素的内容

注意：使用 html()函数获取元素的内容，不仅包括文本，还包括 HTML 标签。

如果调用 html()函数时传入参数，则可以修改元素的内容，该参数可以包含 HTML 标签，代码如下：

```
<div>
    <p>Hello jQuery! </p>
    <p>Hello JavaScript! </p>
</div>
```

```
<button class="btn1">改变div的内容</button>
$(document).ready(function(){
  $(".btn1").click(function(){
    $("div").html("<h1>Hello World!</h1><h2>Hello World!</h2>");
  });
});
```

在浏览器中运行上述代码,可以修改<div>元素的内容,当调用html()函数时,参数中的HTML标签就会被解析,如图5-19所示。

3. removeAttr()函数

removeAttr()函数用于删除元素的属性,代码如下:

```
<p style="color:red">Hello jQuery! </p>
<button>删除p元素样式</button>
$(document).ready(function(){
  $("button").click(function(){
    $("p").removeAttr("style");
  });
});
```

在浏览器中运行上述代码,单击"删除p元素样式"按钮,将会删除<p>元素的style属性,所有<p>元素中的文本会失去样式,如图5-20所示。

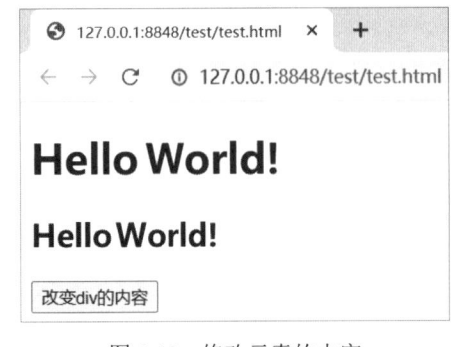

图5-19 修改元素的内容　　　　　　图5-20 删除元素的属性

德育课堂

俗话说"条条大路通罗马",在电子商务网站的开发中,开发人员编写脚本时,不仅需要对问题清晰定位、分析清楚需求,更需要梳理清楚实现某个功能的逻辑与方法。

有时,开发人员需要打破常规思维,拥有逆向思考能力。在工作中,开发人员需要想到各种异常情况,并设计有针对性的解决方案。例如,在设计商品评论区的交互功能时,不仅要考虑添加评论,还要从用户体验的视角思考,一旦用户对评论内容不满意需要删除重新添加时,网页中的评论功能是否可以实现?或者用户想查看其他人的评论时,所有评论是否可以按照关键词筛选展示?又如,在实现商品主图的交互功能时,除了使用DOM节点的方法来实现,是否还有其他实现方法?

> 开发人员不能只满足于当下，随着企业的业务不断变化，行业技术更新会越来越快，开发人员要在日常项目开发中多思考，从而培养自己的逆向思考能力，积累创新经验。

三、jQuery 动画特效

CSS 中提供了实现动画的属性，但是其定义过程较为复杂，在实现一些简单动画效果时显得比较烦琐。为了解决这个问题，可以使用 jQuery 中提供的一些简单动画效果，包括淡入或淡出动画、向上或向下滚动动画、自定义动画、停止播放动画。

1. 淡入或淡出动画

淡入或淡出动画可以使网页中的元素淡入显示或淡出隐藏，是对 HTML 中元素显示隐藏的一个扩展，可以提升用户体验度。fadeIn()函数用于使用淡入效果来显示一个隐藏的元素，如果页面中的<p>元素是隐藏状态，则可以使用淡入动画来显示<p>元素，代码如下：

```
<p>Hello jQuery!</p>
<button class="btn2">Show</button>
$(document).ready(function(){
  $('p').hide();
  $(".btn2").click(function(){
  $("p").fadeIn();
  });
});
```

在上述代码中，fadeIn()函数的可选参数可以用于设置元素从隐藏到可见的速度，其默认值为"normal"，这个参数的可选值还可以为"slow"、"fast"与毫秒数，在设置速度的情况下，元素从隐藏到可见的过程中会逐渐改变其透明度，以达到淡入的效果。

fadeOut()函数用于使用淡出动画来隐藏一个元素，代码如下：

```
<p>Hello jQuery!</p>
<button class="btn2">hide</button>
$(document).ready(function(){
  $(".btn2").click(function(){
  $("p").fadeOut();
  });
});
```

注意：如果元素本身的状态就是隐藏的，则使用 fadeOut()函数将不会产生任何效果。

2. 向上或向下滚动动画

向上或向下滚动动画可以使网页中的元素在上下滚动中隐藏或显示，就像是将元素的高度突然设置为 0 隐藏，恢复高度使其显示一样。slideUp()函数与 slideDown()函数可以通过调整元素的高度的方式，滚动隐藏与显示元素，代码如下：

```
<p>Hell jQuery!</p>
```

```
<button class="btn1">Hide</button>
<button class="btn2">Show</button>
$(document).ready(function(){
  $(".btn1").click(function(){
  $("p").slideUp();
  });
  $(".btn2").click(function(){
  $("p").slideDown();
  });
});
```

在浏览器中运行上述代码,单击"Hide"按钮,文本内容向上滚动,直到隐藏为止;单击"Show"按钮,文本向下滚动,直到全部出现。

注意:slideUp()与 slideDown()两个函数中都可以添加参数,其参数用于设置元素滚动的时间,默认值为 0,取值还可以为"slow"、"normal"、"fast"与毫秒数。

3. 自定义动画

自定义动画允许开发人员自定义动画的播放形式,如设置元素的移动轨迹,以及设置元素的高度、颜色、大小等,通过调整改变时间来实现动画效果。animate()函数用于创建自定义动画,动画可以实现网页中一些比较复杂的交互效果,代码如下:

```
<div style="background:green;height:100px;width:100px;"></div>
$(document).ready(function(){
  $("div").animate({width:'300px'},3000);
});
```

在上述代码中,网页中有一个 100 像素×100 像素的<div>元素,加载完页面后,使用 animate()函数创建一个动画,使该<div>元素的宽度增加到 300 像素。animate()函数中的第一个参数用于设置动画的 CSS 属性;第二个参数用于设置动画效果的时长,其取值可以为"slow"、"fast"与毫秒数。

使用 animate()函数也可以同时操作多个属性,来创建一个较为复杂的动画效果,代码如下:

```
<div style="background:green;height:100px;width:100px;"></div>
$(document).ready(function(){
  $("div").animate({
  width:'300px',
  marginTop:'200px',
  marginLeft:'200px',
  },3000);
});
```

注意:当使用 animate()函数创建动画时,所有的 CSS 属性都要放在"{}"中;另外,animate()函数中的 CSS 属性要使用驼峰式命名,如上述代码中的 marginTop,对应 CSS 属性中的 margin-top，同理，margin-left 也要被修改为 marginLeft。

4. 停止播放动画

在开发人员使用 jQuery 设置动画效果后，在某些特定的时间，如果需要停止动画播放而进行其他事件，则可以使用 jQuery 中的函数实现。stop()函数用于停止正在播放的动画，代码如下：

```
<button id="stop">停止动画</button>
<div style="background:green;height:100px;width:100px;"></div>
$(document).ready(function(){
   $("div").animate({width:'300px'},2000);
   $("div").animate({marginTop:'200px'},2000);
   $("div").animate({marginLeft:'200px'},2000);
   $("div").animate({height:'300px'},2000);
   $("#stop").click(function(){
   $("div").stop();
  });
});
```

在浏览器中运行上述代码，单击"停止动画"按钮，会停止当前的动画播放，但是会继续执行剩下的动画队列，如果想要停止所有的动画队列，则可以加上 stop()函数的两个参数，第一个参数用于设置是否要清除动画队列，默认值为 false，如果设置为 true，则会停止整个动画队列；第二个参数用于设置是否立即完成当前的动画，即当用户单击"停止动画"按钮时，是否要立即完成当前正在播放的动画，默认值为 false。

实施准备

请学生使用 HBuilder X 工具创建 Web 项目，并且在该项目根目录下创建 HTML 文件，引入 bootstrap 样式库，实现商品评论区的基本结构和样式设置，为商品评论区的交互功能实现做准备，评论区的 HTML 代码如下：

```
<div id="content">
     <h1 class="zone-title" id="f2"><span>评论列表</span></h1>
    <div class="comment-out">
        <div class="comment">
            <p>商品评论信息商品评论信息商品评论信息商品评论信息商品评论信息商品评论信息</p>
            <p class="name">张三 2020-08-13 发布</p>
            <span class="del">删除</span>
        </div>
        <div class="comment">
            <p>追加评论追加评论追加评论追加评论追加评论</p>
```

```html
            <p class="name">李四    2020-08-13 发布</p>
            <span class="del">删除</span>
        </div>
        <div class="comment">
            <p>追加评论追加评论追加评论追加评论追加评论</p>
            <p class="name">李四    2020-08-13 发布</p>
            <span class="del">删除</span>
        </div>
        <div class="comment">
            <p>追加评论追加评论追加评论追加评论追加评论</p>
            <p class="name">李四    2020-08-13 发布</p>
            <span class="del">删除</span>
        </div>
        <div class="comment">
            <p>追加评论追加评论追加评论追加评论追加评论</p>
            <p class="name">李四    2020-08-13 发布</p>
            <span class="del">删除</span>
        </div>
    </div>
</div>
<div class="hide-content" >隐藏评论内容</div>
<div class="show-content" >显示评论内容</div>
<div class="buttons">
    <input id="commentContent" class="form-control" type="text" placeholder="请输入评论内容">
     <button  onclick="release()"  type="submit"  class="btn btn-primary mb-2">发布评论</button>
    <!-- <button onclick="release()">发布评论</button> -->
</div>
```

评论区的样式设置代码如下：

```css
.content{
    width: 600px;
    border: 1px solid black;
    display: block;
}
.zone-title {
  padding: 30px 0;
  text-align: center;
  font-size: 28px;
  color: #333;
```

```css
    font-weight: bold;
    width: 600px;
}
.zone-title span {
    background: url(../images/title_icon.png) no-repeat;
    width: 202px;
    height: 28px;
    display: inline-block;
}
.comment{
    width: 600px;
    border-bottom: 1px solid #a8a9a9;
    font-size: 12px;
    padding: 10px 30px;
    position: relative;
}
.name{
    color: #C09459;
}
.buttons{
    width: 600px;
    display: flex;
    justify-content: center;
    margin-top: 40px;
}
.form-control{
    width: 520px !important;
    float: left;
}
.hide-content{
    width: 600px;
    font-size: 12px;
    padding: 10px 30px;
    text-align: right;
    cursor: pointer;
    color: #31abe7;
}
.show-content{
    width: 600px;
    font-size: 12px;
    padding: 10px 30px;
```

```css
    text-align: right;
    cursor: pointer;
    color: #31abe7;
    display: none;
}
.del{
    position:absolute;
    right: 0px;
    top: 10px;
    color: #a8a9a9;
    cursor: pointer;
}
```

任务实施与分析

一般，在电子商务网站的详情页中都会设计商品评论区，该区域的功能有查看评论列表、追加评论、删除评论、隐藏评论和显示评论等，如图 5-21 所示。

图 5-21　商品评论列表

如果用户发布评论后，则后台需要将新的评论加载到评论列表，具体步骤如下。
步骤1：获取用户评论内容。
获取用户输入的评论内容，判断是否为空，如果为空，则结束后面程序的执行，代码如下：

```
// 获取评论内容
var value = document.getElementById("commentContent").value;
// 判断评论内容是否为空，如果为空，结束后面程序的执行
if(value==""){
    return false;
}
```

步骤2：创建评论区的容器。
根据评论区的 HTML 层次结构，创建评论区的容器，代码如下：

```
// 创建评论区的外层容器
var comment = document.createElement("div");
var divClass = document.createAttribute("class");
divClass.nodeValue="comment";
// 创建评论区的容器
var content = document.createElement("p");
// 创建用户昵称的容器
var name = document.createElement("p");
var del = document.createElement("span");
```

步骤3：创建评论区的属性。
创建评论区的属性，为其附加 class 值，代码如下：

```
// 创建 class 属性
var className = document.createAttribute("class");
// 为 class 属性赋值
className.nodeValue="name";
// 创建"删除"按钮的 class 属性
var delClassName = document.createAttribute("class");
// 为"删除"按钮 class 属性赋值
delClassName.nodeValue="del";
```

步骤4：创建评论内容和用户昵称。
创建评论内容和用户昵称，代码如下：

```
// 创建评论内容
var text = document.createTextNode(value);
var delText = document.createTextNode("删除");
// 创建用户昵称
var nameText = document.createTextNode("用户昵称");
```

步骤5：添加属性、评论内容、用户昵称等。

在容器中添加属性、评论内容、用户昵称等，代码如下：

```
comment.setAttributeNode(divClass);
// 在容器中添加评论内容
content.appendChild(text);
del.appendChild(delText);
// 在容器中添加用户昵称
name.appendChild(nameText);
// 在<p>标签中添加属性
name.setAttributeNode(className);
// 在<span>标签中添加属性
del.setAttributeNode(delClassName);
// 在容器中添加评论内容标签
comment.appendChild(content);
// 在容器中添加用户昵称标签
comment.appendChild(name);
// 在容器中添加"删除"按钮标签
comment.appendChild(del);
```

步骤6：渲染内容。

获取要添加评论的父节点元素，将创建好的节点标签添加到父节点中，就可以将评论内容显示在网页中了，代码如下：

```
var parent = document.querySelector(".comment-out");
parent.appendChild(comment);
```

步骤7：隐藏评论内容。

获取评论内容区域元素节点，为"隐藏评论内容"按钮绑定单击事件，设置评论内容淡出隐藏，并设置"隐藏评论内容"按钮不显示，同时出现"显示评论内容"按钮，代码如下：

```
var comment = $(".comment-out");
$(".hide-content").click(function(){
    comment.fadeOut(1000);//设置评论内容淡出隐藏
    $(this).css("display","none");
    $(".show-content").css("display","block");
});
```

隐藏评论内容后的网页显示效果如图5-22所示。

步骤8：显示评论内容。

为"显示评论内容"按钮绑定单击事件，显示评论内容，代码如下：

```
$(".show-content").click(function(){          //为"显示评论内容"按钮绑定单击事件
    comment.fadeIn(1000);                      //设置评论内容淡入显示
```

```
        $(this).css("display","none");
        $(".hide-content").css("display","block");
});
```

图 5-22　隐藏评论内容后的网页显示效果

步骤 9：删除评论内容。

单击评论内容后的"删除"按钮时，询问是否删除这条评论内容，代码如下：

```
$(".del").click(function(){//
    if(confirm("要删除这条评论吗？")){
        $(this).parent().hide(500);
    }
})
```

拓展知识

目前，电子商务网站的评论区都会设计根据评论关键词分类评论的功能。用户通过单击关键词来显示该关键词下的评论，如图 5-23 所示。

图 5-23　关键词分类

要实现单击评论关键字查看相应分类的功能，需要在评论数据中定义关键词 keyword 字段，获取评论列表数据。在用户单击评论关键词时，根据关键词重新渲染评论数据，具体步骤如下。

步骤1：准备评论数据。

模拟 JSON 数据的代码如下：

```
[
    {
        "id": "1",
        "content": "商品评论信息1",
        "name":"张三",
        "date":"2020-08-13",
        "keyword":"充电快速"
    },
    {
        "id": "2",
        "content": "商品评论信息2",
        "name":"张三",
        "date":"2020-08-13",
        "keyword":"充电快速"
    },
    {
        "id": "3",
        "content": "商品评论信息3",
        "name":"张三",
        "date":"2020-08-13",
        "keyword":"清晰度高"
    },
    {
        "id": "4",
        "content": "商品评论信息4",
        "name":"张三",
        "date":"2020-08-13",
        "keyword":"清晰度高"
    }
]
```

步骤 2：加载评论数据。

首先从 JSON 文件中获取评论数据，然后遍历评论数据，判断其中关键词是否与单击的评论关键词一致，如果一致，则渲染到页面中，代码如下：

```javascript
function getComment(type){
    var comment="";
    $.get(
        "js/comment.json",//发送到服务器的地址
        function(result){
            for (var i = 0; i < result.length; i++) {//循环加载数据
                if(result[i].keyword==type){
                    comment+="<li><a><span>"+result[i].content+"</span></a></li>";
                }
            }
            $(".comment ul").html(comment);//渲染数据
        }
    )
}
```

思考与总结

请学生认真学习本任务内容，仔细思考后回答以下问题。

如何实现元素的淡出隐藏与淡入显示？如何为节点追加 class 属性？

_____

_____

_____

能力提升

请学生根据本任务学习内容，完成以下任务。

（1）创建一个商品评论页面，当用户单击某条评论时，将其淡出隐藏。
（2）在商品评论页面发布一条评论，将该条评论插入第一条评论之前。

任务训练

请学生根据本任务学习内容，创建 Web 项目，练习商品评论的发布、删除、查看及隐藏与显示。

任务单 5-1

班级		学号		姓名	
实训 9	实现商品主图的交互功能				
实训目的	练习商品主图交互功能的实现				
实训过程	(1) 创建 HTML 页面，完成商品详情页的页面结构与样式实现。 HTML 页面代码截图： (2) 为商品主图绑定鼠标指针移入事件，当鼠标指针移入时出现放大区域框与放大预览图。 JavaScript 代码截图： (3) 为商品主图绑定鼠标指针移动事件，获取鼠标指针当前对于浏览器可视区的 X 坐标和 Y 坐标。 JavaScript 代码截图： (4) 获取商品主图对于文档的偏移坐标，计算小框对于商品主图元素的距离，并用来定位。 JavaScript 代码截图： (5) 小框位置应该随着鼠标指针移动而变化，设置小框的移动位置，计算小框移动的最大范围。 JavaScript 代码截图： (6) 判断小框的移动边界，设置小框的边界、最大高度。 JavaScript 代码截图：				

续表

实训过程	（7）设置放大图的位置偏移量，获取小框偏移量乘以放大倍数。 JavaScript 代码截图： （8）实现鼠标指针离开商品主图时，隐藏预览小框和放大预览图的功能。 JavaScript 代码截图：
总结	（1）通过本次实训，你学到了什么？ （2）在本次实训中，你遇到了哪些问题，是怎么解决的？

任务单 5-2

班级		学号		姓名	
实训 10	实现商品 SKU 区的交互功能				
实训目的	练习商品 SKU 区交互功能的实现				
实训过程	（1）创建 JSON 文件，用于模拟服务器端的数据，JSON 文件中包含 id 和 name。 JSON 文件代码截图： （2）首先使用 jQuery 的 Ajax 函数请求 JSON 文件的数据，然后循环该数据，拼接成 HTML 代码，最后将 SKU 信息渲染到页面中指定位置。 JavaScript 代码截图： 				

续表

实训过程	（3）为 SKU 信息绑定单击事件，当用户单击 SKU 时，为当前信息添加选中样式，为其他 SKU 信息删除选中样式。 JavaScript 代码截图：
总结	（1）通过本次实训，你学到了什么？ （2）在本次实训中，你遇到了哪些问题，是怎么解决的？

任务单 5-3

班级		学号		姓名	
实训 11	实现商品评论区的交互功能				
实训目的	练习商品评论区的交互功能实现				
实训过程	（1）创建 HTML 页面，完成商品评论区的页面结构与样式实现。 HTML 页面代码截图： （2）获取用户输入的评论内容，判断评论内容是否为空，如果为空，则不执行后续代码。 JavaScript 代码截图： （3）根据商品评论区的 HTML 布局结构，创建商品评论区的元素。 JavaScript 代码截图： （4）创建完商品评论区的元素之后，为各个元素创建 class 节点并添加样式。 JavaScript 代码截图：				

实训过程	（5）创建商品评论区的内容、用户昵称。 JavaScript 代码截图： （6）在商品评论区的容器中添加属性、评论内容、用户昵称等。 JavaScript 代码截图： （7）将用户评论的内容渲染到页面中。 JavaScript 代码截图： （8）实现评论内容隐藏功能，需要设置评论内容淡出隐藏。 JavaScript 代码截图： （9）实现评论内容显示功能，需要设置评论内容淡入显示。 JavaScript 代码截图： （10）实现评论的删除功能，当用户单击评论后的"删除"按钮时，询问是否删除该条评论。 JavaScript 代码截图：
总结	（1）通过本次实训，你学到了什么？ （2）在本次实训中，你遇到了哪些问题，是怎么解决的？

项目 6

实现线上商城营销活动的交互功能

项目 6 数字资源

项目背景

互联网的发展改变了人们的生活方式及管理方式。随着新零售时代的到来,很多商家都选择将线下的商品转向线上出售,人们的消费习惯也越来越趋于线上购物,所以线上商城的竞争也比较激烈。为了能够在线上商城中脱颖而出,许多商家推出了营销活动,不仅为入驻线上商城的各个卖家提供了多样性的留客方式与促销形式,还为使用线上商城购物的用户提供了更多购物优惠,从而带动线上商城的流量转化,抢占线上商城的市场份额,建立线上商城的消费者画像。

学习内容

本项目的主要目的是学习电子商务网站中营销活动的交互功能,具体学习内容如下。
(1)实现营销数据统计功能。
(2)实现营销活动设计功能。

学习目标

知识目标

(1)了解数据可视化的概念、应用场景及工具。
(2)熟悉 Echarts 工具的使用方法。
(3)了解大转盘中奖率算法、刮刮卡中奖率算法。
(4)认识大转盘活动的设计思路和交互动作。

技能目标

(1)能够使用 Echarts 工具制作各种图表。

(2)能够在 HTML 中实现大转盘、刮刮卡交互功能。

素养目标

(1)引导学生了解电子商务网站中的常见的营销活动设计方案,在实战项目中锻炼学生运营与维护电子商务网站的能力。

(2)引导学生通过电子商务网站开发项目传承中华优秀传统文化,增强文化自信。

任务 1　实现营销数据统计功能

预备知识

随着数据技术的赋能,很多电子商务管理实现了数据化管理。例如,电子商务网站会利用云计算、大数据等技术,将业务工作通过完善的基础统计报表体系、数据分析体系进行明确计量、科学分析、精准定性,以数据报表的形式进行记录、查询、汇报、公示及存储。

一、数据可视化的概念

数据可视化是一种关于数据的视觉表现形式,其概念也在不断地演变着。数据可视化一般是指使用技术方法利用图形、图像、用户界面等方式对数据进行可视化解析,即图形表示的数据。

数据可视化是利用点、线、条对数据进行编码,在视觉上传达定量信息,让数据变得更加易于访问、理解和使用。数据可视化不仅是一门科学,也是一门视觉表达的艺术,它与信息图形、信息可视化、科学可视化、探索性数据分析和统计图形密切相关。

二、数据可视化的应用场景

目前,数据可视化的应用场景已经非常广泛,各行各业都在应用数据可视化技术。例如,电子商务网站将商品销售记录、顾客购买记录等数据进行可视化展示,融合大数据分析可以精准制定营销策略,如图 6-1 所示。

在企业管理中,数据可视化可以展示某一段时间内企业各个员工的业绩与出勤等数据,方便管理人员进行决策,如图 6-2 所示。

除了 PC 设备,数据可视化的应用场景还可以延伸到可视化大屏幕中,如图 6-3 所示。

图 6-1 数据可视化电子商务应用场景

图 6-2 数据可视化企业管理系统应用场景

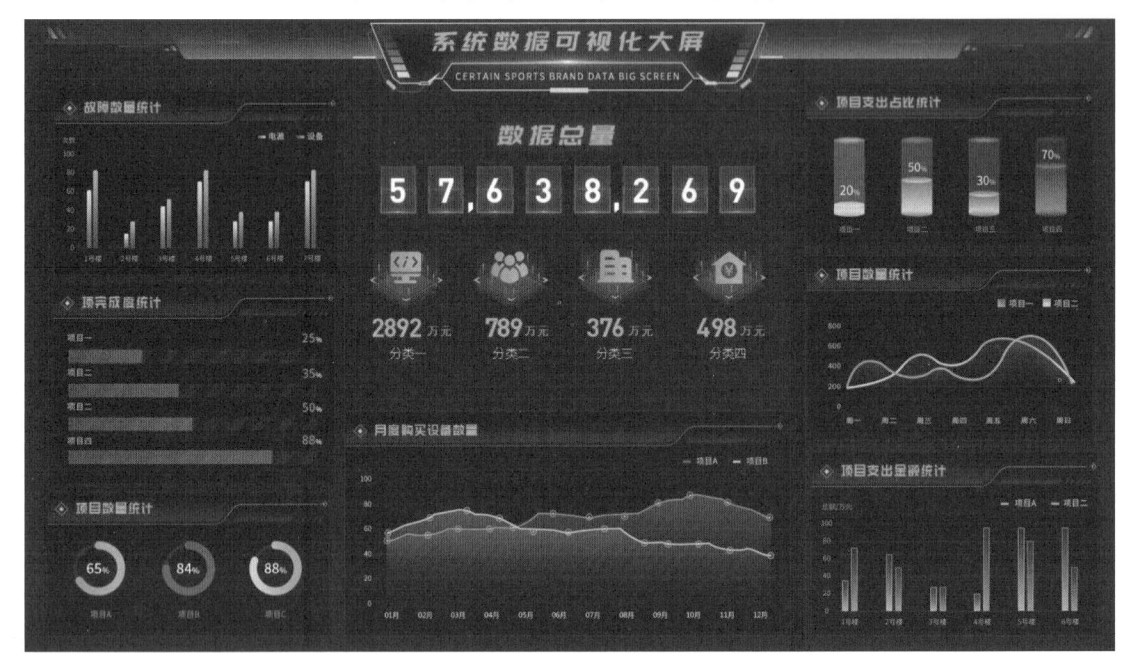

图 6-3 大屏数据可视化应用场景

三、数据可视化工具

在 Web 开发中,图表是数据可视化的一种常见实现方式。为了方便项目开发,在一般情况下,Web 中的图表都会使用图表库等插件来制作,Echarts 和 Chart.js 就是基于 JavaScript 的数据可视化图表库,它们可以提供 20 多种图表和十几种组件,并且支持各种图表及组件的任意组合,如图 6-4、图 6-5 所示。

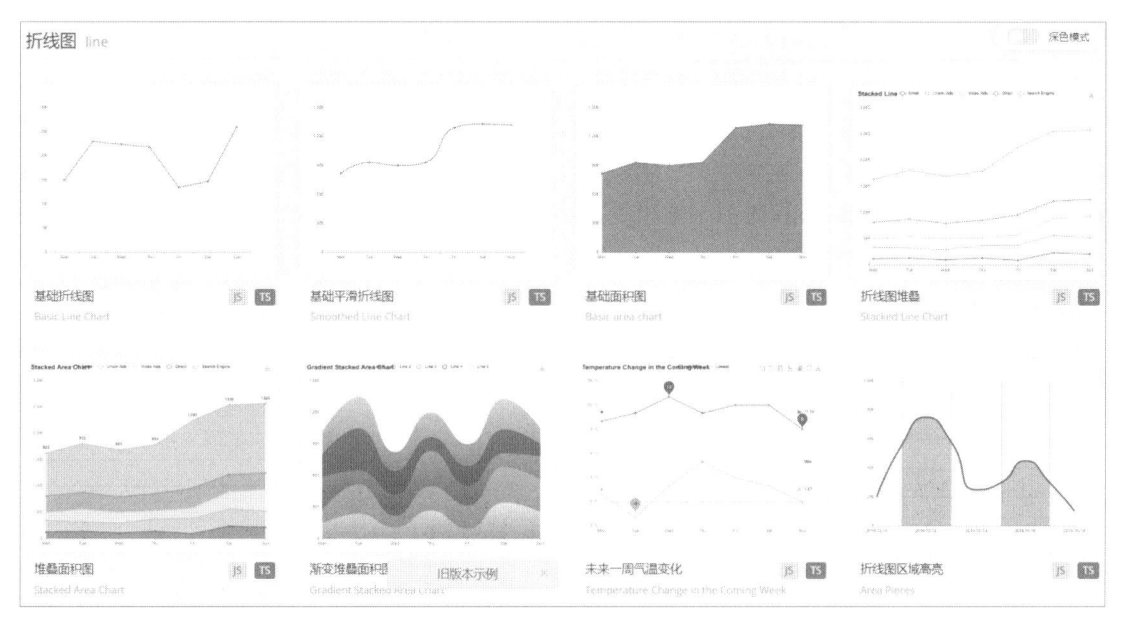

图 6-4 折线图

图 6-5 柱状图

实施准备

请学生使用 HBuilder X 工具创建 Web 项目,并且在该项目根目录下创建 HTML 文件,下载 Echarts 工具并导入,为实现营销数据统计功能做准备。

任务实施与分析

营销活动的数据统计使用折线图实现,X 轴展示时间参数,Y 轴展示交易金额,使用折线将各个时间节点的交易金额连接起来,就形成了折线统计图。首先在 HTML 页面中创建 canvas 画布,然后使用 Echarts 工具在画布中绘制折线统计图,具体步骤如下。

步骤 1:创建统计图容器。

在 HTML 页面中使用 canvas 创建统计图展示容器,代码如下:

```html
<div class="echarts">
    <canvas class="main"></canvas>
</div>
```

步骤 2:获取画布容器的上下文对象。

获取画布容器的上下文对象,用于绘制图表,代码如下:

```javascript
var dashChartBarsCnt = jQuery( '.main' )[0].getContext( '2d' );
```

步骤 3:创建图表参数对象。

创建图表参数对象,图表参数是对象结构的,主要属性有 labels 和 datasets。labels 属性用于设置 X 轴的参数,datasets 属性用于设置 Y 轴参数及其他图表。datasets 属性又有多个参数,其中,label 的值是在图例和工具提示中显示的数据集标签;data 的值是 Y 轴的参数;borderColor 用于设置边框颜色;backgroundColor 用于设置背景颜色;borderWidth 用于设置边框宽度;fill 用于设置折线区域的填充方式;lineTension 是贝塞尔曲线张力,当设置为 0 时,表示绘制直线。

```javascript
var dashChartLinesData = {
    labels: ['2003', '2004', '2005', '2006', '2007', '2008', '2009', '2010', '2011', '2012', '2013', '2014'],
    datasets: [
        {
            label: '交易资金',                          //在图例和工具提示中显示的数据集标签
            data: [20, 25, 40, 30, 45, 40, 55, 40, 48, 40, 42, 50],//Y轴参数
            borderColor: '#358ed7',                    //设置边框颜色
            backgroundColor: 'rgba(53, 142, 215, 0.175)',   //设置背景颜色
            borderWidth: 1,                            //设置边框宽度(以像素为单位)
            fill: false,                               //设置折线区域的填充方式
            lineTension: 0.5
```

```
        }
    ]
});
```

步骤4：实例化图表对象。

实例化图表对象，设置图表的类型和参数值，其中type用于设置图表的类型，data用于绑定上一步骤中创建的图表参数，代码如下：

```
new Chart(dashChartBarsCnt, {
    type: 'line',//设置图表类型
    data: dashChartLinesData
});
```

步骤5：运行浏览器。

在浏览器中运行上述代码，显示折线统计图，如图6-6所示。

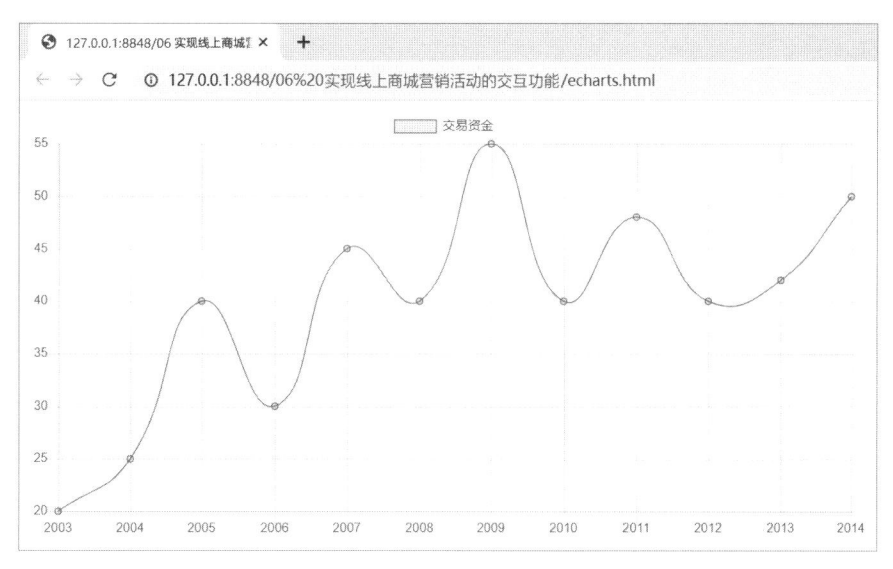

图6-6 显示折线统计图

拓展知识

在实际的Web项目开发中，开发人员经常遇到不同的数据可视化需求，所要求使用不同类型的图表样式。这里以"任务实施与分析"中所学内容为基础，扩展了解一下其他图表类型。

一、柱状图

柱状图用于显示数据趋势，可以并排比较多个数据集。当定义柱状图时，需要将type属性设置为"bar"，代码如下：

```
var myBarChart = new Chart(ctx, {
    type: "bar",
    data: data,
    options: options
});
```

柱状图的显示效果如图 6-7 所示。

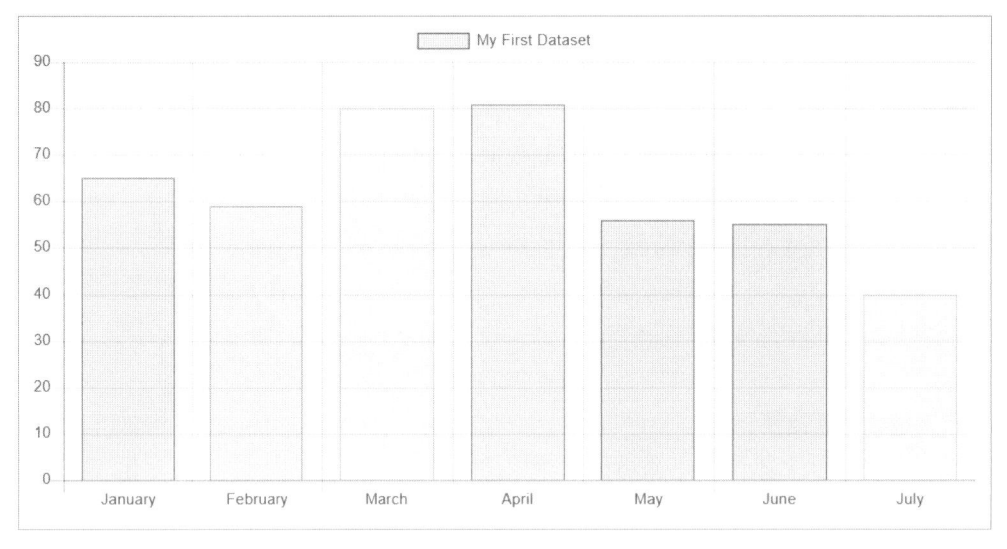

图 6-7 柱状图的显示效果

二、环形图

环形图被分成不同的部分，每部分的圆弧表示每个数据的比例值，可以展示数据之间的关系比例，使用环形图需要将 type 属性设置为"doughnut"，代码如下：

```
var myDoughnutChart = new Chart(ctx, {
    type: "doughnut",
    data: data,
    options: options
});
```

环形图的显示效果如图 6-8 所示。

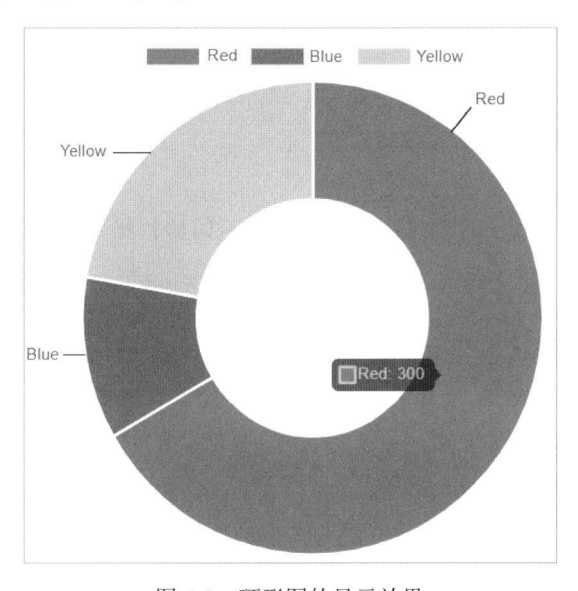

图 6-8 环形图的显示效果

三、雷达图

雷达图是显示多个数据点和它们之间差异的一种方式，通常用于比较两个或更多不同数据集的点，使用雷达图需要将 type 属性设置为 "radar"，代码如下：

```
var myRadarChart = new Chart(ctx, {
    type: "radar",
    data: data,
    options: options
});
```

与其他图表不同，雷达图没有图表特定选项，只支持一个比例尺，该比例尺在 scale 属性中定义，代码如下：

```
options = {
    scale: {
        // 隐藏比例尺
        display: false
    }
};
```

雷达图的显示效果如图 6-9 所示。

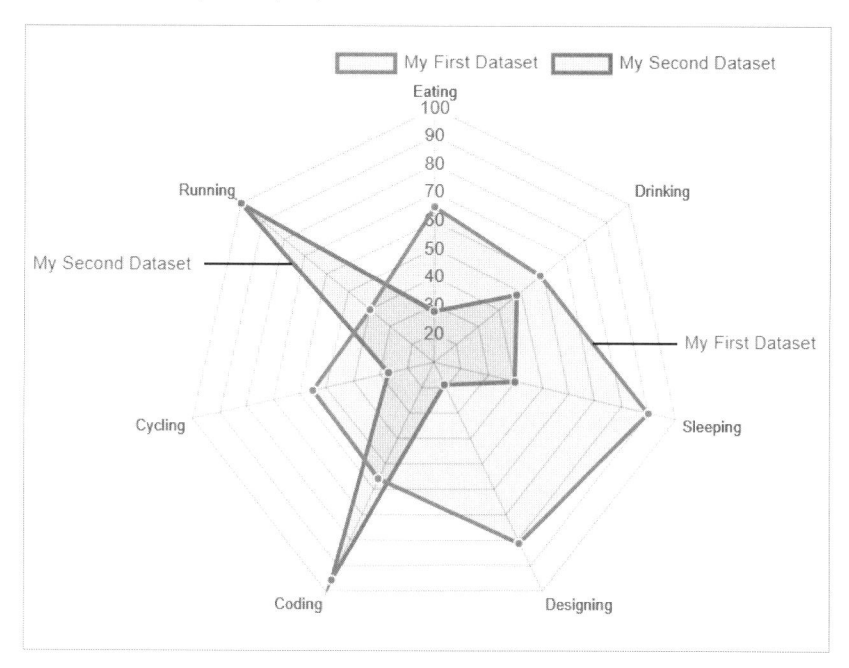

图 6-9 雷达图的显示效果

四、极地图

极地图类似于饼图，但是极地图的每个线段都具有相同的角度，线段的半径也会因值而异，当需要显示类似于饼图的比较数据，也要显示上下文值的范围时，通常可以使用这种类型的图表。使用极地图需要将 type 属性设置为 "polarArea"，代码如下：

```
new Chart(ctx, {
    data: data,
    type: "polarArea",
    options: options
});
```

极地图的显示效果如图 6-10 所示。

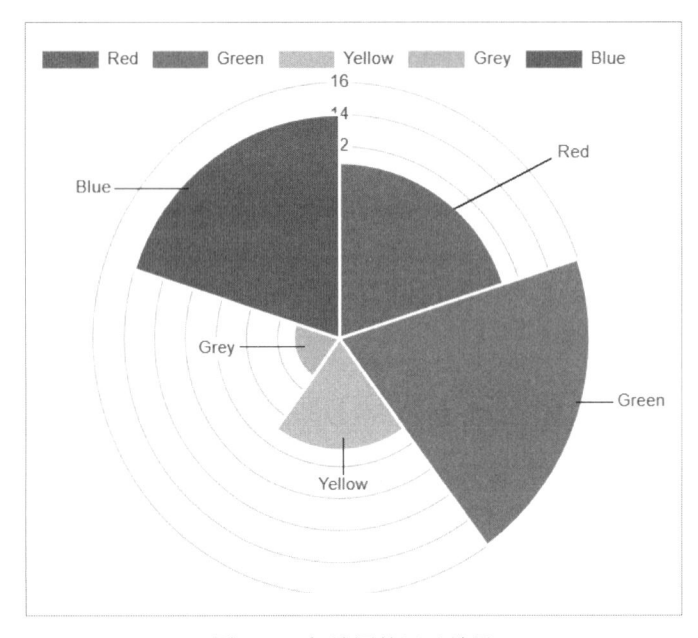

图 6-10 极地图的显示效果

思考与总结

请学生认真学习本任务内容，仔细思考后回答以下问题。
当设置图表参数时，labels 用来设置哪一项参数呢？

_____
_____
_____

能力提升

请学生根据本任务学习内容，完成以下任务。
使用 JavaScript 绘制一个折线图，用于显示 7 天的用户注册量。

任务训练

请学生根据本任务学习内容，创建 Web 项目，练习使用统计图实现数据可视化的方法。

任务 2　实现营销活动设计功能

预备知识

活动随机数的算法设计一般应用于电子商务网站的抽奖活动，如大转盘抽奖活动、刮刮卡抽奖活动与翻牌抽奖活动，其具体算法设计如下。

一、大转盘抽奖活动

大转盘抽奖活动无论是在现实生活中还是在网页中，都是一种常见的营销活动。该活动是从线下的大转盘抽奖活动延伸而来的。线下的大转盘抽奖活动是由人转动大转盘直至其停止，指针所指的格子是哪种奖品，用户就领取哪种奖品。这种活动延伸到线上也一样，只不过触动大转盘开始的方式不是手动转动，而是用户通过选择"开始/停止"操作，从而完成概率抽奖活动。大转盘抽奖活动有点类似盲盒玩法。

在一般情况下，大转盘中的低级奖品所占用的空间和格子数都是比较大的，而高级奖品所占用的空间和格子数量就相对较少了。当开发人员在网页中实现大转盘交互效果时，需要旋转大转盘容器，根据大转盘旋转的角度来计算中奖结果。如果大转盘中一等奖占比是 10%，使用了 1 个格子，则中奖率是 10%；如果参与奖占比是 10%，但使用了 4 个格子，则中奖率是 40%。

二、刮刮卡抽奖活动

刮刮卡抽奖活动是指在卡上的数字或字母密码等文字上覆盖一层涂层，用户通过随机盲选卡片，刮去涂层所获取的数字或字母来判断其是否中奖的一种活动。刮刮卡抽奖活动与大转盘抽奖活动一样，都是一种概率中奖活动。商家可以通过刮刮卡送礼活动，调动用户的参与积极性，尽可能地留存用户。

相对于大转盘抽奖活动来说，刮刮卡抽奖活动的中奖率算法更加简单，不需要开发人员计算旋转角度，只需要在用户刮开涂层时获取一个 1~100 的随机整数，按照比例设置中奖概率即可。如果用户刮开涂层后获取的随机数小于 10，将一等奖的中奖结果展示到刮开的涂层。如果用户获取的随机数大于 10 且小于 30，将二等奖的中奖结果展示到刮开的涂层。

三、翻牌抽奖活动

翻牌抽奖活动也是一种常见的营销方式，通常会提供多张背面图案相同的卡牌，当用户单击卡牌后进行翻转，翻转后的卡牌会显示不同的中奖结果，实现这种抽奖活动的抽奖算法有以下几种。

（1）固定奖项。

例如，首先设置三张卡牌，提前设置好每张卡牌的中奖结果，然后随机设置中奖结果的位置，用户抽中每个奖项的结果都是三分之一。

（2）概率奖项。

使用这种方式可以按照概率进行奖项的设置。例如，页面设置三张卡牌，实际将每张卡牌的中奖概率都设置为同样的，假设每张卡牌的中奖概率为百分之一，则可以在用户翻转卡牌时获得一个随机整数，只有用户随机到 1 才可以判定为中奖，其余随机数均为不中奖。

文化视窗

随机数学的实质是一种概率与统计学，其起源可追溯到遥远的古代。公元前 2000 年的埃及古墓中已有正方体的骰子，古代的游戏与赌博活动中就应用了概率思想。但是概率论作为一门学科，酝酿于 16 世纪前后的两百余年之间，产生于 17 世纪中期。

在中国，随机数的历史可追溯到《易经》的大衍筮法。《易经》的《系辞传》中提到"大衍之数五十，其用四十有九"。筮法是一种占卜预测的方法。在古代中国，利用大衍筮法占卜就是对于随机数应用的最好例子。

随着计算机的产生与发展，随机数在计算机领域的应用也越来越广，如密码算法、仿真、游戏随机码等。

实施准备

请学生使用 HBuilder X 工具创建一个空白项目，在该项目中创建两个 HTML 文件，作为大转盘交互功能与刮刮卡交互功能的实现页面。大转盘页面的布局结构代码如下：

```html
<div class="main">
    <div class="disc">
        <div class="list">
            <div class="center">
            </div>
        </div>
    </div>
    <div class="pointer">
        <div class="before">
            <p>开始</p>
            <p>摇奖</p>
        </div>
        <div class="line">
            <div class="line-before"></div>
            <div class="arrow">▲</div>
        </div>
    </div>
</div>
```

刮刮卡页面的布局结构代码如下：

```
<div id="card" style="width:295px;;margin:0 auto;" >
    <img id="card_img" src="img/gua_image.png" style="position: absolute;">
    <canvas id="front" style="position:absolute;" />
</div>
```

任务实施与分析

一、实现大转盘抽奖活动的交互功能

大转盘抽奖活动首先需要获取一个随机数，然后根据随机数来旋转抽奖转盘，最后根据大转盘旋转的角度来判断中奖信息，具体步骤如下。

步骤 1：定义参数。

定义参数。conArr 数组用于存储大转盘中的所有奖项；count 变量用于存储获取奖项的总数；angle 参数用于存储各个奖项的旋转角度；radius 参数用于存储大转盘圆形的半径；sideLength 参数用于存储每一个奖项的边长，代码如下：

```
var conArr =['1等奖','参与奖','2等奖','参与奖','3等奖','参与奖','4等奖','参与奖',]
var count = conArr.length;      //存储获取奖项的总数
var angle = 360 / count;        //存储各个奖项的旋转角度
var radius = 220;               //定义存储大转盘圆形的半径
//定义每一个奖项的边长
var sideLength = radius * (Math.tan(Math.PI / 180 * angle / 2));
```

步骤 2：初始化大转盘。

循环奖项总数，向大转盘容器中添加奖项内容，为各个奖项添加样式，设置元素左右边框宽度，代码如下：

```
function createItem(count) {
            for (var i = 0; i < count; i++) {
                //创建元素，设置奖项
                var item = $('<div class="item"><p>' + conArr[i] + '</p></div>');
                $('.center').append(item);       //将奖项添加到大转盘中
                item.css({                       //为各个奖项添加样式
                    "transform": 'rotate(' + angle * i + 'deg)',
                    'left': -sideLength + 'px'   //设置元素左侧边缘的位置
                });
                item.css('border-left-width', (sideLength) + 'px');
                item.css('border-right-width', (sideLength) + 'px');
            }
        }
```

步骤3：绑定抽奖开始事件。

为"开始摇奖"按钮绑定单击事件，代码如下：

```
$('.before').on('click', function() {
})
```

步骤4：设置大转盘旋转。

在用户单击"开始摇奖"按钮后，设置抽奖大转盘的样式，为其设置过渡的持续时间和旋转角度，代码如下：

```
$('.disc').css({                              //设置抽奖大转盘的样式
    'transition-duration': '0s',              //设置过渡的持续时间
    'transform': 'rotate(90deg)'              //设置旋转角度
})
```

步骤5：设置旋转角度。

首先使用随机结果计算每次旋转的角度，然后设置定时器，100毫秒之后开始旋转大转盘，设置旋转过渡时间为10秒，代码如下：

```
var rotate= Math.floor(Math.random()*10+1)*angle*10;
setTimeout(function() {                       //设置定时器，设定大转盘旋转
    $('.disc').css({                          //为大转盘添加样式
        'transition-duration': '10s',         //设置旋转过渡时间
        'transform': 'rotate('+rotate+'deg)', //设置旋转角度
        'transform': 'rotate(135deg)',        //设置旋转角度
    })
}, 100)                                       //设置定时器间隔执行时间
```

步骤6：设置中奖结果。

设置定时器，在大转盘旋转10秒之后，根据大转盘旋转角度的次数，提示用户中奖信息，代码如下：

```
setTimeout(function(){
    if(rotate/450==1||rotate/450==5||rotate/450==9){
        alert("恭喜您获取1等奖！")
    }else if(rotate/450==4||rotate/450==8){
        alert("恭喜您获取2等奖！")
    }else if(rotate/450==3||rotate/450==7){
        alert("恭喜您获取3等奖！")
    }else{
        alert("恭喜您获取4等奖！")
    }
},10000)
```

步骤7：运行浏览器。

在浏览器中运行上述代码，大转盘实现效果如图6-11所示。

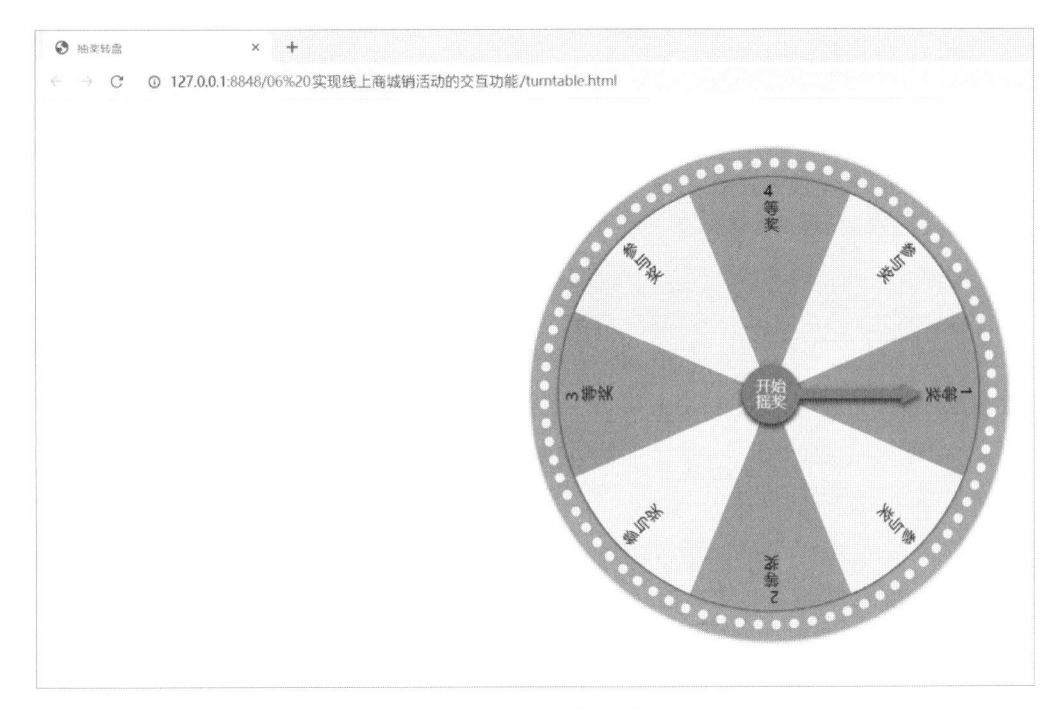

图 6-11 大转盘实现效果

二、实现刮刮卡抽奖活动的交互功能

刮刮卡抽奖活动的交互功能的实现需要使用 canvas，在用户刮开涂层时，根据中奖结果不同将不同的底图绘制到刮刮卡中，具体步骤如下。

步骤 1：定义中奖结果。

定义中奖结果，将中奖结果图片存储在 imgSrc 变量中，实际中奖图片需要使用多个奖项，这里仅列举一个奖项作为示例，代码如下：

```
var imgSrc = 'img/aa.png';
```

名词解释

> canvas 是 HTML5 新增的元素，可以使用 JavaScript 脚本在其中绘制图像，也可以用来制作照片集或简单的动画，甚至可以进行实时视频处理和渲染。

步骤 2：初始化刮刮卡图片。

定义刮刮卡图片的初始化函数，设置刮刮卡初始尺寸和画布的样式，调用 bodys() 函数传入刮刮卡尺寸参数，代码如下：

```
$("img").load(function(){                              //加载图片时触发函数
    $("#card_img").width(300).height(160);             //设置刮刮卡初始尺寸
    var height = 141;                                  //定义刮刮卡的高度
    var width  = 285;                                  //定义刮刮卡的宽度
    $("#card").css({"margin-top":"20px"});             //设置刮刮卡容器距离上方 20 像素
    var card_img_width = $("#card_img").width();       //获取刮刮卡的宽度
```

```
            $("#front").css({"margin-top":9.3+"px","margin-left":7.5+"px"});
            bodys(height,width);
});
```

步骤3：获取画布对象。

创建图片对象、获取画布对象，设置画布的绝对定位，代码如下：

```
var img = new Image();                                   //创建图片对象
var canvas = document.querySelector('canvas');           //获取画布对象
canvas.style.position = 'absolute';                      //设置画布的绝对定位
```

步骤4：对图片对象添加监听事件。

对上一步骤中创建的图片对象添加监听事件，代码如下：

```
img.addEventListener('load',function(e){
})
```

步骤5：初始化变量。

在图片对象的监听事件中定义画布变量、画布尺寸变量、画布坐标值变量，代码如下：

```
var ctx;//定义画布变量
var width1 = width;
  var height1 = height;
var offsetX = canvas.offsetLeft;
var offsetY = canvas.offsetTop;
var mousedown = false;//定义mousedown参数值为fase
```

步骤6：监听用户按下鼠标左键事件。

当用户按下鼠标左键时触发mousedown事件，不执行任何操作，仅设置mousedown参数值为true，用于判断用户是否按下了鼠标左键，代码如下：

```
function eventDown(e){
    e.preventDefault();       //阻止事件触发
    mousedown=true;           //设置mousedown参数值为true
}
```

步骤7：监听用户释放鼠标左键事件。

当用户释放鼠标左键时触发mousedown事件，不执行任何操作，仅设置mousedown参数值为false，用于判断用户是否释放了鼠标左键，代码如下：

```
function eventUp(e){
    e.preventDefault();       //阻止事件触发
    mousedown=false;          //设置mousedown参数值为false
}
```

步骤8：监听移动鼠标指针事件。

用户移动鼠标指针时触发mousedown事件，此时判断用户是否按下了鼠标左键，如果按下了鼠标左键，则获取鼠标指针相对于浏览器页面的水平坐标、页面的水平滚动条位置或鼠标指针的位置减去鼠标单击位置相对于触发事件对象的水平距离坐标，然后绘制一个圆形，用当前坐标来填充当前的图像，实现刮刮卡效果，代码如下：

```
function eventMove(e){
    e.preventDefault();                                //阻止事件触发
    if(mousedown){                                     //判断是否按下了鼠标左键
        var x = (e.clientX + document.body.scrollLeft || e.pageX) - offsetX || 0;
        var y = (e.clientY + document.body.scrollTop || e.pageY) - offsetY || 0;
        with(ctx){
            beginPath();                               //绘制一条路径
            arc(x, y, 15, 0, Math.PI * 2);             //绘制一个圆形
            fill();                                    //填充当前的图像
        }
    }
}
```

步骤9：绘制已填充颜色的矩形。

首先设置画布的尺寸、背景图片，然后获取画布的上下文对象，绘制已填充颜色的矩形，代码如下：

```
canvas.width=width;                                    //设置画布的宽度
canvas.height=height;                                  //设置画布的高度
canvas.style.backgroundImage='url('+img.src+')';       //设置画布的背景图片
ctx=canvas.getContext('2d');                           //获取画布的上下文对象
Ctx.fillStyle='#b9b9b9';                               //填充图形的颜色
ctx.fillRect(0, 0, width, height);                     //绘制已填充颜色的矩形
```

步骤10：设置中奖图片。

首先设置在源图像外显示目标图像，然后设置图片对象的路径为中奖图片路径，代码如下：

```
ctx.globalCompositeOperation = 'destination-out';
img.src = imgSrc;
```

步骤11：运行浏览器。

在浏览器中运行上述代码，刮刮卡开奖前后对比效果如图6-12、图6-13所示。

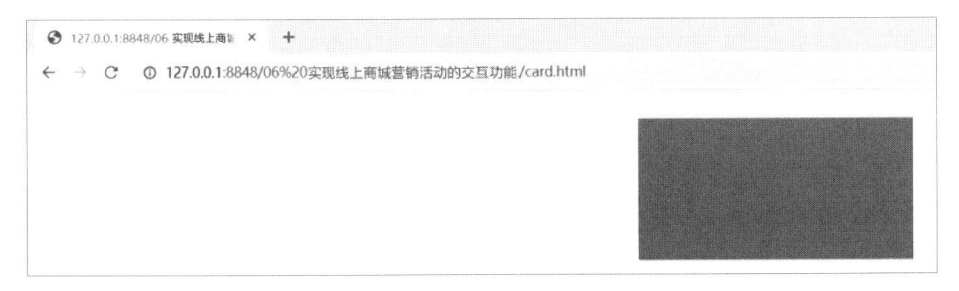

图6-12 刮刮卡开奖前的效果

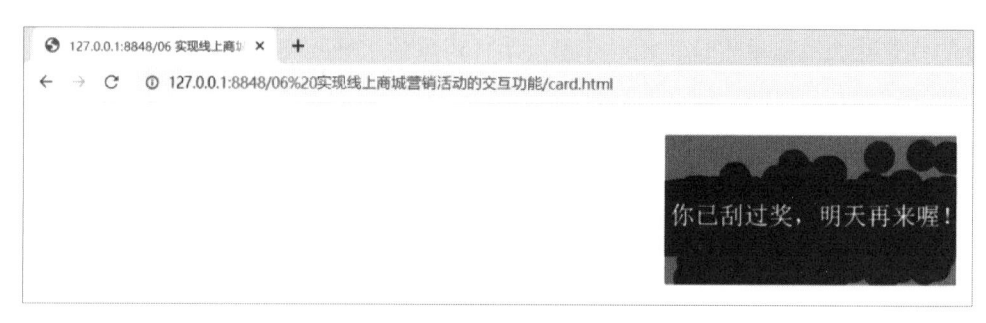

图 6-13　刮刮卡开奖后的效果

拓展知识

一、大转盘抽奖活动设计思路

要设计一个成熟的大转盘抽奖活动，其中心思想就是设置中奖率和判断中奖结果。在设置中奖率时，可以按照大转盘角度占比来确定中奖信息，但是这种方式的高级奖项中奖率会比较高。

除了这种中奖率设置方式，还可以直接定义各种奖项的中奖率。例如，将 1 等奖的中奖率调整到千分之一，这时可以定义一个 1～1000 范围内的随机数。如果随机数等于 1，则获取 1 等奖，否则获取其他设置的奖项。当随机数等于 1 时，只需要将大转盘旋转基于 1 等奖角度的多个圈数即可，无论旋转多少圈，最终都会停留在 1 等奖奖项处，其他奖项以此类推。

二、大转盘抽奖活动的交互动作

大转盘抽奖活动的交互动作主要是旋转大转盘，当用户单击"开始抽奖"按钮时，为其绑定单击事件，在单击事件被触发后，开始随机旋转角度，当得到随机旋转角度时，调用 transform 的 rotate() 函数并传入旋转角度参数来使大转盘进行旋转；另外还需要设置 transition-duration 属性，用于设置旋转大转盘所使用的时间。此时用户就可以看到大转盘在规定的时间内进行不同圈数、不同角度的旋转效果。

思考与总结

通过本任务的学习，学生能够掌握实现线上商城营销活动中的大转盘抽奖活动交互功能和刮刮卡抽奖活动交互功能的方法。请学生认真学习本任务内容，仔细思考后回答以下问题。

如何获取大转盘抽奖活动的中奖结果？刮刮卡抽奖活动交互功能的实现原理是什么？

_____
_____
_____

能力提升

请学生根据本任务学习内容，完成以下任务。

（1）创建 HTML 页面，实现大转盘抽奖活动的交互功能，使用随机数来控制中奖率。

（2）实现刮刮卡抽奖活动的交互功能，需要根据中奖结果不同显示不同的刮开图片。

任务训练

请学生根据本任务学习内容，练习实现线上商城营销活动中的大转盘抽奖活动的交互功能和刮刮卡抽奖活动的交互功能。

任务单 6-1

班级		学号		姓名	
实训 12	实现营销活动数据统计				
实训目的	练习实现统计图表的交互功能				
实训过程	（1）创建 HTML 页面，使用 canvas 创建统计图展示容器。 HTML 页面代码截图： （2）获取画布容器的上下文对象，创建图表参数对象，设置图表的 X 轴参数与 Y 轴参数。 JavaScript 代码截图： （3）实例化图表对象，为图表绑定类型和数据参数。 JavaScript 代码截图： （4）在浏览器中运行完成绑定的图表页面。 浏览器运行结果截图：				
总结	（1）通过本次实训，你学到了什么？ （2）在本次实训中，你遇到了哪些问题，是怎么解决的？				

任务单 6-2

班级		学号		姓名	
实训 13	实现营销活动设计				
实训目的	练习实现大转盘抽奖活动的交互功能、刮刮卡抽奖活动的交互功能				
实训过程	（1）创建 HTML 页面，实现大转盘抽奖页面的布局和样式设置。 HTML 页面代码截图： （2）定义用于存储转盘中的所有奖项的数组、存储获取奖项总数的变量、存储各个奖项旋转角度的变量、存储大转盘圆形半径的变量、存储每一个奖项边长的变量。 JavaScript 代码截图： （3）循环奖项总数，向大转盘容器中添加奖项内容，为各个奖项添加样式，设置元素左右边框宽度。 JavaScript 代码截图： （4）为按钮绑定抽奖开始事件，设置抽奖大转盘的样式，为其设置过渡的持续时间和旋转的角度。 JavaScript 代码截图： （5）首先使用随机结果计算每次旋转的角度，然后设置定时器，100 毫秒后开始旋转大转盘，设置旋转过渡时间为 10 秒。 JavaScript 代码截图：				

续表

实训过程	（6）设置定时器，在大转盘旋转 10 秒之后，根据大转盘旋转角度的次数，提示用户中奖信息。 JavaScript 代码截图： （7）创建 HTML 页面，实现刮刮卡抽奖页面的布局和样式设置。 HTML 页面代码截图： （8）定义刮刮卡图片的初始化函数，设置刮刮卡初始尺寸和画布的样式。 JavaScript 代码截图： （9）创建图片对象、获取画布对象，设置画布的绝对定位。 JavaScript 代码截图： （10）对图片对象添加监听事件，在其中定义画布变量、画布尺寸变量、画布坐标值变量。 JavaScript 代码截图： （11）监听用户按下鼠标左键，阻止事件触发，记录用户按下鼠标左键的操作。 JavaScript 代码截图： （12）监听用户释放鼠标左键，阻止事件触发，记录用户释放鼠标左键的操作。 JavaScript 代码截图：

续表

实训过程	（13）监听鼠标指针移动事件，判断用户是否按下了鼠标左键，填充鼠标指针移动区域的图像，实现刮刮卡效果。 JavaScript 代码截图： （14）首先设置画布的尺寸、背景图片，然后获取画布的上下文对象，绘制已填充颜色矩形。 JavaScript 代码截图： （15）在用户刮开涂层时，设置中奖图片。 JavaScript 代码截图：
总结	（1）通过本次实训，你学到了什么？ （2）在本次实训中，你遇到了哪些问题，是怎么解决的？

参考文献

[1] 莫振杰．HTML CSS JavaScript 基础教程[M]．北京：人民邮电出版社，2017.

[2] 未来科技．HTML5＋CSS3＋Javascript 从入门到精通（实例版）[M]．北京：中国水利水电出版社，2019.

[3] 张婷．网页设计与前端开发实用教程[M]．北京：人民邮电出版社，2020.

反侵权盗版声明

　　电子工业出版社依法对本作品享有专有出版权。任何未经权利人书面许可，复制、销售或通过信息网络传播本作品的行为；歪曲、篡改、剽窃本作品的行为，均违反《中华人民共和国著作权法》，其行为人应承担相应的民事责任和行政责任，构成犯罪的，将被依法追究刑事责任。

　　为了维护市场秩序，保护权利人的合法权益，我社将依法查处和打击侵权盗版的单位和个人。欢迎社会各界人士积极举报侵权盗版行为，本社将奖励举报有功人员，并保证举报人的信息不被泄露。

举报电话：（010）88254396；（010）88258888
传　　真：（010）88254397
E-mail：dbqq@phei.com.cn
通信地址：北京市万寿路173信箱
　　　　　电子工业出版社总编办公室
邮　　编：100036